MW00719414

Di Luigi Pirandello negli Oscar

ROMANZI

*L'esclusa - Il fu Mattia Pascal - Quaderni di Serafino Gubbio operatore
Suo marito - Il turno - Uno, nessuno e centomila - I vecchi e i giovani*

NOVELLE PER UN ANNO (a cura di Simona Costa)

I. *Scialle nero - La vita nuda - La rallegrata*

II. *L'uomo solo - La mosca - In silenzio*

III. *Tutt'e tre - Dal naso al cielo - Donna Mimma - Il vecchio Dio*

IV. *La giara - Il viaggio - Candelora - Berecche e la guerra - Una giornata*

TEATRO (a cura di Roberto Alonge)

*La morsa - Lumie di Sicilia - Il dovere del medico - Cecè
La ragione degli altri - All'uscita - Pensaci, Giacomino!*
(*Maschere nude I*)

Liolà - Così è (se vi pare) - La patente - Il piacere dell'onestà - Il berretto a sonagli
(*Maschere nude II*)

*Ma non è una cosa seria - Il giuoco delle parti
L'innesto - L'uomo, la bestia e la virtù*
(*Maschere nude III*)

*Tutto per bene - Come prima, meglio di prima
Sei personaggi in cerca d'autore*
(*Maschere nude IV*)

Enrico IV - La Signora Morli, una e due - Vestire gli ignudi
(*Maschere nude V*)

*La vita che ti diedi - Ciascuno a suo modo - Sagra del Signore della Nave
L'altro figlio - La giara - L'imbecille - L'uomo dal fiore in bocca*
(*Maschere nude VI*)

Diana e la Tuda - L'amica delle mogli - La nuova colonia
(*Maschere nude VII*)

*Bellavita - O di uno o di nessuno - Sogno (ma forse no)
Lazzaro - Questa sera si recita a soggetto*
(*Maschere nude VIII*)

Come tu mi vuoi - Trovarsi - Quando si è qualcuno
(*Maschere nude IX*)

La favola del figlio cambiato - I giganti della montagna - Non si sa come
(*Maschere nude X*)

SAGGI

L'umorismo

Luigi Pirandello

IL TURNO

A cura di Marziano Guglielminetti
Cronologia di Simona Costa

© 1992 Arnoldo Mondadori Editore S.p.A., Milano
© 2017 Mondadori Libri S.p.A., Milano

I edizione Oscar Tutte le opere di Pirandello agosto 1992
I edizione Oscar Moderni maggio 2017

ISBN 978-88-04-67910-3

Questo volume è stato stampato
presso ELCOGRAF S.p.A.
Stabilimento - Cles (TN)
Stampato in Italia. Printed in Italy

Anno 2017 - Ristampa   12 13 14

 librimondadori.it
anobii.com

Introduzione

Il romanzo di Pirandello fra «comicità» e «umorismo»

Solo nell'edizione definitiva del *Turno*, che risale al 1929, Pirandello indica la data di stesura del suo secondo romanzo: «Roma, 1895». Essa è vicina a quella dell'*Esclusa* («Monte Cavo, 1893»), data anch'essa rivelata solo nell'edizione definitiva (1927) di questo che è il primo romanzo. Si aggiunga che pure gli anni della prima stampa, dell'uno e dell'altro romanzo, appaiono prossimi (1901 per *L'esclusa* e 1902 per *Il turno*). L'unica differenza, rimanendo a queste indicazioni cronologiche, è rappresentata da una constatazione non meno immediata: *L'esclusa* appare la prima volta a puntate su un quotidiano di Roma, «La Tribuna», laddove *Il turno* è ospitato, a Catania, nella «Biblioteca popolare contemporanea» dell'editore Giannotta, nella serie che s'intitola *Semprevivi*. La diversa ubicazione editoriale limita abbastanza la fruizione del *Turno* in un ambito locale, anche perché la vicenda del *Turno* è schiettamente agrigentina, né Pirandello tenta in qualche modo di sottrarla a un'estrazione che ha quasi del folclorico. *L'esclusa*, per il fatto stesso di raccontare un adulterio che ha, nel personaggio dell'amante, un deputato rientrato provvisoriamente da Roma a Palermo, per respirare l'aria sana (si fa per dire) della provincia, si proietta in uno spazio geografico sì isolano, ma in rapporto, verghiano rapporto, con la nazione. E la protagonista, poi, Marta Ajala, che diventa nel corso del libro insegnante, intende, a differenza di quella del *Turno*, lavorare in un ambiente dove la donna sta tentando, come al Nord del paese, la promozione sociale e culturale. Di qui il maggior interesse che il primo romanzo poteva riscuotere, oltre la cerchia dei lettori siciliani.

Se poi le cose andarono realmente in questa direzione, è difficile dirlo. Di certo *L'esclusa* fu rilevata dal maggior editore settentrionale e nazionale, Treves, per la diffusissima «Biblioteca amena», e prima dell'edizione definitiva di Bemporad vide la luce due volte, nel 1908 e nel 1912, laddove *Il turno* dovette attendere più tempo per avere analoga sorte (uscì nella medesima serie e per il medesimo editore nel '15). Non solo, ma Pirandello, per l'occasione, gli attaccò alla coda un racconto lungo sempre del 1902, *Lontano*, ugualmente di ambito siciliano, e motivò l'accostamento negando in qualche modo l'autonomia del romanzo: «Ripubblico intatti,» comincia così la premessa dell'edizione del '15 «dopo tanti anni, questi due racconti scritti nella prima giovinezza, così tra loro diversi, l'uno gajo, se non lieto, e triste l'altro, eppur nati quasi a un tempo [...]. Non ho voluto affatto ritoccare questi racconti, per non sciupare quello che m'è sembrato il loro pregio più vivo: la schietta vivacità della rappresentazione, al tutto aliena d'ogni intenzione letteraria». Dunque, anche la qualità del *Turno*, a distanza di tempo, appare non particolare (se mai è *Lontano* a sorprendere, adesso, Pirandello, a destargli una «lieta meraviglia»), sì che lì per lì non ha molto senso chiedersi perché mai il suo secondo romanzo non abbia subìto, alla pari del primo, cui è legato persino più di quanto finora non si sia detto, una mutazione di codice di lettura a suo favore, della quale bisogna parlare subito.

Già, perché la vicenda di Marta Ajala, donna naturalmente onesta ma cacciata di casa dal marito perché ritenuta adultera, per poi esservi riammessa dopo avere ceduto all'amante, col trascorrere degli anni e col maturarsi in Pirandello la convinzione dell'essere, egli, uno scrittore «umorista», aveva finito per diventare l'antesignana di questa formula d'arte. Scrivendone a Capuana, in una lettera di premessa alla ristampa Treves del 1908, Pirandello parla espressamente, per il suo primo romanzo, di «fondo essenzialmente umoristico». Altrove, e cioè nel contemporaneo saggio sull'*Umorismo*, è dato di capire meglio che cosa Pirandello intenda, qui limitandosi a segnalare che nella vita, e non nell'arte, si verificano «azioni [...] pensieri e sentimenti contrari a tutta quella logica armoniosa dei fatti e dei caratteri concepiti dagli scrittori». «Umoristico», in altri termini, è per Pirandello quel tipo di romanzo che, come dimostra *L'esclusa*, si avvicina di più alla vita, nel senso di non offrirne un'immagine, per l'appunto, «romanzesca», concepita e organizzata secondo schemi letterari precostituiti. È qui, in quest'ambito, che occorre leggere e interpretare *Il turno*, sottraendolo dal limbo in cui è caduto per volontà stessa dell'autore, non parendogli, evidentemente, che

fosse possibile tout court annetterlo, al pari dell'*Esclusa*, alla catego-
ria, per lui a un certo punto divenuta fondamentale, dell'«umorismo»:
quella che, in seguito, direttamente coinvolgerà il suo ultimo romanzo, *Uno, nessuno e centomila* (1925), ma che opera consapevolmente sin
dal *Fu Mattia Pascal* (1904) e che agisce pure in *Si gira...* (1915, poi inti-
tolato *Quaderni di Serafino Gubbio operatore*). E poiché si sta accennando
a tutti i romanzi di Pirandello, non si dimentichi che tra *Il fu Mattia Pascal* e *Si gira...* se ne collocano due che con l'arte umoristica nulla hanno
da spartire: lo storico *I vecchi e i giovani* (1909, 1913) e il social-letterario
Suo marito (1909, poi parzialmente rifatto col titolo di *Giustino Roncella nato Boggiòlo*). Questo per avvertire il lettore che qualora *Il turno* non
risultasse «umoristico», non per questo dovrebbe venire accantonato e
collocato tra i romanzi da non leggere, perché estraneo alla linea dominante della narrativa pirandelliana. Una tale conseguenza non solo ri-
sulterebbe arbitraria, ma soprattutto impedirebbe di capire le ragioni
per cui la formula dell'«umorismo» catalizza ampia parte di un'esperienza narrativa, per altro, più ampia ancora.

Il saggio sull'*Umorismo*, se ci è lecito farlo funzionare retroattivamen-
te, consente di proporre per *Il turno* una chiave di lettura che è reperibi-
le, tuttavia, all'interno del saggio medesimo. Distinguendo tra le forme
artistiche affini, Pirandello vi scrive, nella sezione più propriamente sto-
rica, la parte prima: «Chi crede che sia tutto un giuoco di contrasto tra
l'ideale del poeta e la realtà, e dice che si ha l'invettiva, l'ironia, la satira, se l'ideale del poeta resta offeso acerbamente e sdegnato dalla realtà; la commedia, la farsa, la beffa, la caricatura, il grottesco, se poco se
ne sdegna e delle apparenze della realtà in contrasto con sé è piuttosto
indotto a ridere più o meno fortemente; e che infine si ha l'umorismo,
se l'ideale del poeta non resta offeso e non si sdegna, ma transige bo-
nariamente, con indulgenza un po' dolente, mostra d'avere dell'umorismo una veduta troppo unilaterale e anche un po' superficiale». Sebbene non si sia ancora arrivati al fulcro della dimostrazione di Pirandello,
ed egli stia prendendo le distanze da chi ha elaborato, sull'umorismo,
una teoria diversa dalla sua, è chiaro che egli accetta comunque una tri-
partizione del terzo grado della scrittura (per ricorrere alle distinzioni
classiche fra epica, tragedia e commedia), dove l'umorismo sta a sé, e
non si confonde con la satira e con la commedia. L'articolazione potrebbe spingersi ancora più avanti, evitando di confondere l'ironia con la
satira, o la caricatura e il grottesco con la commedia; ma quel che conta, in questa sede, non è tanto formulare, con Pirandello, una teoria generale e moderna del terzo grado della scrittura, quanto rendersi con-

to delle parentele che la forma, ricercata espressamente da Pirandello nel suo saggio, può intrattenere con altre prossime, ma assolutamente non sovrapponibili. Un deciso passo in avanti, in questa direzione, si ha nel paragrafo secondo della seconda parte, quando Pirandello chiama in causa la «riflessione» come la facoltà che «nella concezione di ogni opera umoristica», diversamente da quelle che umoristiche non sono, «non si nasconde, non resta invisibile, non resta cioè quasi una forma del sentimento, quasi uno specchio in cui il sentimento si rimira; ma gli si pone innanzi, da giudice; lo analizza, spassionandosene; ne scompone l'imagine». «Da questa analisi però,» avverte Pirandello «da questa scomposizione, un altro sentimento sorge o spira: quello che potrebbe chiamarsi, e che io difatti chiamo *il sentimento del contrario*» (il corsivo è dell'autore). Segue un esempio, tipico di una rappresentazione «comica» del reale, tanto da sembrare cavato da qualche raccolta di Palazzeschi (potrebbe convenire in apparenza al personaggio stravolto di Comare Coletta). L'esempio consente pure a Pirandello di differenziare felicemente il comico dall'umoristico:

«Vedo una vecchia signora, coi capelli ritinti, tutti unti non si sa di quale orribile manteca, e poi tutta goffamente imbellettata e parata d'abiti giovanili. Mi metto a ridere. *Avverto* che quella vecchia signora è il *contrario* di ciò che una vecchia rispettabile signora dovrebbe essere. Posso così, a prima giunta e superficialmente, arrestarmi a questa impressione comica. Il comico è appunto un *avvertimento del contrario*. Ma se ora interviene la riflessione, e mi suggerisce che quella vecchia signora non prova forse nessun piacere a pararsi così come un pappagallo, ma che forse ne soffre e lo fa soltanto perché pietosamente s'inganna che, parata così, nascondendo così le rughe e la canizie, riesca a trattenere a sé l'amore del marito molto più giovane di lei, ecco che io non posso più riderne come prima, perché appunto la riflessione, lavorando in me, mi ha fatto andar oltre quel primo avvertimento, o piuttosto, più addentro; da quel primo *avvertimento del contrario* mi ha fatto passare a questo *sentimento del contrario*. Ed è tutta qui la differenza tra il comico e l'umoristico» (i corsivi sono dell'autore).

A conferma di quanto appena detto, ecco un luogo celeberrimo di Dostoevskij, che iscrive la proposta di Pirandello nell'ambito più a lui consentaneo, sebbene egli abbia fatto di tutto (anche in questa sede) per dirsi manzoniano e cervantino, lettore acuto ed epigono geniale dei *Promessi sposi* e del *Don Chisciotte*, scordando (ingenerosamente?) i suoi parenti prossimi, Gogol', Čechov e ovviamente l'autore di *Delitto e castigo*, qui per altro non più celabile:

«"Signore, signore! oh! signore, forse, come gli altri, voi stimate *ridicolo* tutto questo; forse vi annojo raccontandovi questi stupidi e miserabili particolari della mia vita domestica: ma per me non è *ridicolo*, perché io *sento* tutto ciò..." – Così grida Marmeladoff nell'osteria, in *Delitto e castigo* del Dostoevskij, a Raskolnikoff tra le risate degli avventori ubriachi. E questo grido è appunto la protesta dolorosa ed esasperata d'un personaggio umoristico contro chi, di fronte a lui, si ferma a un primo avvertimento superficiale e non riesce a vederne altro che la comicità» (i corsivi sono dell'autore).

Prosegue Pirandello, nel capitolo V della seconda parte, che «non nasce» nel comico «il sentimento del contrario», perché «se nascesse, sarebbe reso amaro, cioè non più comico, il riso provocato [...] dall'avvertimento d'una qualsiasi anormalità»; ma poi concede ancora qualcosa al comico, qualcosa che sembrerebbe tipica dell'umorista: l'«interpretazione fittizia e pur sincera di noi stessi», quella che si alimenta dall'«illusione» che ciascuno si fa di se stesso, o meglio «dalla costruzione [...] che ciascuno per opera dell'illusione si fa di se stesso». Siffatta «costruzione illusoria» non è affatto preclusa al comico; «ma il comico ne riderà solamente, contentandosi di svesciar questa metafora di noi stessi messa su dall'illusione spontanea», mentre l'umorista «smonterà questa costruzione ideale, ma non per riderne solamente». Subentra qui tutto un discorso, vagamente bergsoniano, sulla vita quale «flusso continuo» e sul tentativo degli uomini di «arrestare» simile flusso «in forme stabili e determinate, dentro e fuori di noi», e, per converso, sul momento in cui «investite dal flusso, tutte quelle nostre forme fittizie crollano miseramente», discorso che davvero ci porta nel cuore dell'umorismo pirandelliano. Compare pure qui, in ultimo, quel tratto che già si è segnalato, a proposito dell'*Esclusa*, sull'arte semplificatrice della vita, ma non ha quel rilievo e quella pregnanza che ci si aspetterebbe. In altri termini, non è di qui che passa l'eventuale recupero alla dottrina dell'*Umorismo* di un romanzo quale *Il turno*.

Per *Il turno*, è ormai necessario dirlo, la formula *a latere* del comico può riservare, invece, qualche sorpresa, sempreché non la si riduca a un'elementare applicazione di principi generali, da verificarsi ben inteso; e sempreché ci si mantenga, contemporaneamente, ben disposti e vigili, qualora dal comico si traghetti verso l'umoristico. Ma prima d'inoltrarci nel romanzo, è bene ancora, preliminarmente, distinguere fra personaggi comici, situazioni comiche e autore comico. Pirandello ha transitato dall'una all'altra di queste nozioni senza soffermarvisi più di tanto, e nel rendere didascalico il suo pensiero ha persino accentuato questo disinteresse, apparente o reale che sia. Una distinzione, al contrario, è opportuna, per evitare di trovarsi di fronte a confusioni pericolose. Autore comico, tanto per cominciare, non è certo Pirandello; e non solo perché volle riconoscersi tra gli umoristi alla sua maniera, ma perché egli non appartiene di certo ad alcuna tradizione orientata in questo senso. Si è detto di Manzoni, di Cervantes, e si sono aggiunti i russi: credo che sia sufficiente simile ventaglio di nomi per intendere che la comicità in senso stretto, quella che avverte il contrario e suscita il riso, non contrassegna la sua arte. Il che non esclude, e *Il turno* lo dimostrerà, che egli abbia potuto concepire personaggi e situazioni di origine e di fruizione comica, sempre nel senso da lui specificato. Importa, adesso, rendersi conto se si sia, al contempo, mosso oltre questo comico.

La sezione «comica» del «Turno»

Il turno si apre con un invito a «ragionare» da parte di Marcantonio Ravì, il padre povero di Stellina, una ragazza graziosa di Agrigento (allora Girgenti). Egli vuole convincere il «vicinato» della necessità e convenienza della sua scelta del genero nella persona di don Diego Alcozèr, un vecchio gentiluomo di settantadue anni, ricco, vedovo quattro volte. È un ragionamento assurdo, il suo, per quanto si fondi su presupposti economici non facilmente discutibili, quali l'impossibilità, malgrado il lavoro onesto, nella Sicilia postborbonica, di raggranellare i soldi per una dote e, per quanto riguarda eventuali pretendenti giovani, l'impossibilità di avere una «posizione» tale da renderli partiti accettabili. Al culmine del ragionamento del Ravì le nozze della giovane col vecchio diventano qualcos'altro, un'«adozione», che rischia di riprodurre diversamente il modulo familiare da cui Stellina deve uscire, avendo raggiunto l'età da marito. Si è detto (D'Angeli) che il «contratto» nuziale è un nodo tipico del racconto popolare, e segnatamente fiabesco, chiamando addirittura in causa il Propp della *Morfologia della fiaba* (parzialmente, e quindi scorrettamente); ma penso sufficiente rifarsi alla tradizione della commedia, e soprattutto alla sua mitologia simbolica, quale è stata illustrata dal Frye, in *Anatomia della critica* (Torino, Einaudi 1969). Di lì si cava che il conflitto tra i giovani e i vecchi, risolto a favore dei primi, è il nucleo drammatico attivo del genere, né si esclude l'eventualità di «una crisi almeno potenzialmente tragica» (ivi, p. 238). È quanto ci vuole, per capire bene la sostanza «comica» e poi «tragica» del *Turno*. Inizialmente, quando Pirandello, nel II capitolo (meglio sarebbe dire, per molti, capitoletto) passa a illustrare i corpi e le anime dei due padri, il naturale e il supposto, non si sottrae certo dall'offrirne una caricatura, che si confà pienamente alla necessità comica di screditare il mondo dei vecchi. Meno per il Ravì, rinviando evidentemente il lettore al «ragionamento» d'apertura e limitandosi a farne la controfigura di don Diego. Quest'ultimo è una sorta di macchietta (almeno in questa fase del racconto), uscita se non dalla *Locandiera* certamente dai cascami della tradizione goldoniana, in quel settore destinato specificamente alla messa in burla del dongiovanni invecchiato. Così se il Ravì è «grasso e grosso, col volto sanguigno tutto raso e un palmo di giogaja sotto il mento, con le gambe che parevan tozze sotto il pancione e che nel camminare andavano in qua e in là faticosamente», don Diego è «fino fino, piccoletto» e «gli arrancava accanto con lesti brevi passetti da pernice». Pirandello stesso parla, fra i due, di «compensa*zione*», spia eloquente di un processo compositivo che non si arresta qui, essendo troppo ghiotta l'occasione di comicità offerta dal vecchio che cerca d'imitare i giovanotti, anche se fin da ora il fatto che don Diego «amava la gioventù, di cui cercava la compagnia» risvegli nel personaggio la percezione di una qualità che non appartiene propriamente alla caricatura del vecchio che non accetta i suoi anni: don Diego, infatti, «sopporta*va* filosoficamente gli scherzi e le beffe» dei giovani. Messa questa pulce nell'orecchio del lettore, Pirandello per il momento accumula sul personaggio tutti gli attributi necessari per «avvertirne», comicamente, «il contrario». Se i giovani hanno molti capelli, don Diego mostra «[un']unica e sola ciocca di capelli, ben cresciuta e bagnata in un'acqua d'incerta tinta (quasi color di rosa), la quale, rigirata e distribuita chi sa con quanto studio, gli nascondeva il cranio alla meglio». E via di questo passo, per quanto riguarda il volto e gli occhi, e così pure quando dal fisico si passa al morale. Don Diego parla ancora latino, e sebbene la sua scelta sia in sintonia col personaggio che vorrebbe essere («sapeva a memoria Catullo e la maggior parte delle odi di Orazio»), risulta esattamente all'opposto del linguaggio e della sottocultura dei giovani pretendenti di Stellina, che alle memorie della poesia amorosa classica preferiscono (capitolo III) portarle «serenate», con tanto di «chitarre e mandolini».

Fra questi giovani ce n'è uno di famiglia parzialmente nobile, da parte di madre: Pepè Alletto. Non è una passione travolgente quella che lo lega a Stellina, anche perché è quasi uno spiantato («la ragazza, sì, gli piaceva; ma sapeva pur troppo di non essere in condizione di prender moglie», avendo il padre scialacquato il patrimonio materno).

In queste condizioni il padre di Stellina ha buon gioco nel convincerlo a non farsi avanti, a non ostacolare il suo piano, ma anzi a rappresentare di quel piano il coronamento: il cinico coronamento. Così il Ravì segnala a Pepè la possibilità di profittare a sua volta di quello che egli sta «combinando»: «Il vecchio è ricco, ha settantadue anni e ha preso quattro mogli... Gli diamo ancora tre anni di vita? [...] Stellina sarà ricca, non sarà poi libera di fare ciò che le parrà e piacerà?». Parole ciniche sì, ma, a guardar bene, la successione naturale, prospettata dal Ravì, non disconviene a Pepè, che è una sorta di versione dimezzata di quello che era stato don Diego in gioventù. L'uno era stato «cavaliere compitissimo, spadaccino, ballerino», e per questo «uno dei più irresistibili conquistatori di dame in crinolino del tempo di Ferdinando II re delle Due Sicilie»; da parte sua Pepè tende piuttosto all'eleganza («ogni mattina tre ore, per lo meno, davanti allo specchio: abitudine!», sì da «parere un milordino»), e ama certamente la musica (sa suonare «minuetti e rondò» sulla «spinetta» materna, ma né lavora né pratica esercizi virili). Sapremo più avanti che la madre di Pepè, Donna Bettina, era stata corteggiata in giovinezza da don Diego, sì che addirittura fra i due si profila un'altra possibile successione (capitolo VII). Prima, però, di abbandonarlo alle «conseguenze della combina*zione*» che informa questa prima parte del *Turno*, Pirandello lascia a Pepè la possibilità, per un attimo, di concepire, in uno spazio sintattico a sé (il «soliloquio» del capitolo III, sulla cui funzione si tornerà), la possibilità di «nascere» altrove che «in quella triste cittaduzza moribonda»: «in una città più viva, più grande, chi sa! chi sa! la passione che aveva per la musica gli avrebbe forse aperto un avvenire». Si discorre, allora, per lui di «forza ignota nell'anima», un momentaneo compenso alla debolezza di cui certamente soffre il personaggio e che è funzionale, come tosto si vedrà, allo sviluppo del romanzo; e si cerca, per altro verso, sullo sfondo dei templi classici della «cittaduzza» di Girgenti e del canto, pascoliano, «d'un assiolo» (onomatopeicamente, il *«chiù* lamentoso, remoto»), di approfondire con «sogni» e «malinconie» la sostanza del personaggio. Pirandello deve pur prepararlo a una serie di prove non esattamente circoscrivibili nel comico.

Lo si vede presto, nel capitolo IV, destinato alla celebrazione delle nozze. Pirandello ha avuto cura, sin dalla chiusa del II, di coinvolgere anche Stellina nella conclusione comica. Le sue resistenze al matrimonio, voluto dal padre, s'infrangono quando riceve i doni continui di don Diego, fossero pure di provenienza quasi scandalosa: «Oggi un braccialetto, jeri un orologino con la catenina d'oro e di perle, e prima un anellino con perle e brillanti e una spilla di smeraldi o un pajo di orecchini... L'Alcozèr non spendeva nulla; non per avarizia: aveva tante gioje delle defunte mogli: che doveva farsene? Le mandava alla nuova fidanzata, ripulite dall'orefice, chiuse in astuccetti nuovi». Il cinismo viene, ancora una volta, dal mondo dei vecchi, la società cui i giovani, differentemente dalle consuetudini comiche illustrate da Frye, non riescono nel *Turno* a opporsi vittoriosamente, celebrando loro le loro nozze. Stellina, graziosamente ritratta nell'atto di cedere alla «curiosità» che è «più forte [in lei] della repulsione per il vecchio donatore», si sottrae alla funzione comica della giovane corteggiata sì, a suon di denaro, dal vecchio spasimante, ma ben decisa a schernirlo: «Si guardava nello specchietto a bilico, si rialzava i capelli dietro la nuca e sorrideva alla propria immagine: il visetto fresco e leggiadro apriva in quello specchio due occhi azzurri limpidi e gaj. Con quel sorriso, pareva susurrasse a se stessa: – Birichina! –. E le veniva la tentazione di aprire quegli astucci, di provarsi... via, almeno gli orecchini... per un minuto, gli orecchini». La «gran risata», che conclude la prova non di uno, ma di tutti i gioielli, col saluto ironico: «A rivederla, signora Alcozèr!», non è affatto liberatoria, come dovrebbe essere nel dettato comico.

Le nozze, la descrizione delle nozze, fra il vecchio e la giovane diventano, a questo punto, l'episodio centrale del *Turno*. Si è appena fatto cenno dell'impossibilità che segnino la vittoria dei giovani sui vecchi, e ora si deve sottolineare che, per il fatto stesso di essere collocate al IV capitolo, sui trenta previsti, perdono ogni possibilità di siglare comunque la vicenda: se mai, ed è questo che conta, l'azzerano, creando un nuovo punto di partenza per l'intrigo. Il quale rivela fin da ora di essere, al limite, tutto nel titolo: in quel «turno» che non può non essere, se le cose stanno come si è anticipato, altro che un turno nuziale, sempreché le ragioni di unione di Stellina e Pepè si facciano più evidenti e salde di quello che sinora non sia stato dato di capire. Dei due partecipanti alle nozze momentanee don Diego ricalca solo inizialmente il percorso comico a lui proprio: perché, se indossa un vestito fuori moda (l'«ancor nuova, sebbene di taglio antico», napoleona, «memore di quattro sponsali»), proprio l'abito disusato, non riconosciuto neppure dagli animali che vivono nel cortile della sua casa, lo mette in relazione con la morte e l'aldilà, in una maniera destinata d'ora in poi ad approfondirsi e a privarlo dei tratti di una facile comicità: «Giù per il cortile le grosse papere non lo riconobbero in quell'insolito arnese, e coi lunghi colli protesi lo inseguirono fino al portone strillando come indemoniate. – Eh eh, le anime delle defunte mogli! pensò don Diego, arricciando il naso; e cor-

rendo, se le cacciava dietro con le mani: – Sciò! sciò!». Quanto a Stellina, basta un gesto improvviso del marito, che le versa qualche goccia
di rosolio sulla veste da sposa, per sconvolgerla e farla precipitare in
una crisi di nervi, che distrugge definitivamente la soluzione, favorevole ai giovani, del matrimonio. Pepè a questo punto piange. E sebbene
in precedenza si sia coperto di ridicolo, contribuendo (lui!) all'effime-
ra riuscita della festa e cercando di trarne qualche vanto inopportuno
(«tutti i convitati lo ammirarono tanto e tanto lo lodarono sia per il ballare, sia per come comandava le danze e come sonava il pianoforte, che
a un certo punto, irresistibilmente, gli scappò detto: – So anche il francese...»), adesso comincia ad assumere un contegno da vittima: contegno che potrebbe avviarlo verso quel «sentimento del contrario» in cui
sappiamo racchiudersi per Pirandello l'essenza dell'umorismo.

«Il turno» verso l'«umorismo» narrativo e il «grottesco» teatrale

Le vicende successive del *Turno* non favoriscono, però, la maturazione
intravedibile nel personaggio di Pepè. Una battuta malaccorta di uno
degli invitati alle nozze, dopo la loro interruzione («Chi sa che tragedia stanotte!») provoca la reazione di Pepè, che insulta, bastona e infine schiaffeggia chi l'ha pronunciata. In rapida successione di eventi,
poiché l'avversario, per lettera, lo minaccia di prenderlo a calci dovun-
que lo avrebbe incontrato, ritenendolo indegno di una sfida cavalleresca,
Pepè si vede costretto, lui che le armi non pratica, a mandargli i padrini
per un duello: nel duello, ovviamente, è ferito in maniera grave, sino
a rischiare la morte (capitoli V-IX). Il vero protagonista di questi eventi, che mutano radicalmente la natura di Pepè sino a farne un precursore tenue dell'antagonista del *Giuoco delle parti* (1919), il quale, quasi
come lui, «ridendone, scherzando, [...] era adesso sul punto di battersi per quella donna» (capitolo VII), è il cognato: Ciro Coppa, un avvocato che tiene fede nel fisico e nel contegno al soprannome da gradas-
so che ha in paese («bau bau», a detta del Ravì, nel capitolo III). Difatti
Ciro è «tozzo, il petto e le spalle poderosi, enormi, per cui pareva anche
più basso di statura, il collo taurino, il volto bruno e fiero, contornato
da una corta barba riccia, folta e nerissima, la fronte resa ampia dalla
calvizie incipiente, gli occhi grandi, neri, pieni di fuoco»; come se non
bastasse, «passeggiava per il suo studio d'avvocato con una mano in
tasca, nell'altra un frustino che batteva nervosamente su gli stivali da
caccia», e in più «le bocche di due grosse pistole apparivano luccicanti su le ànche, oltre la giacca» (capitolo V). Questo oppositore naturale

organizza a Pepè il duello dal quale rischia di uscire morto, come morendo sta pure, per la sua gelosia feroce e disumana, la sorella, Filomena, da cui Ciro ha avuto due figli (capitolo VI). Si aggiunga che Ciro ha rotto i rapporti con la suocera, donna Bettina, della quale si viene a sapere, prima del duello, che «voleva perfino che» Pepè «si coricasse ancora, come da ragazzo, nella stessa camera con lei» (capitolo VII); e si avrà netta la sensazione di una contrapposizione fra i due, Ciro e Pepè, che non può consumarsi in se stessa, ma deve necessariamente trasferirsi negli spazi narrativi apertisi dopo le nozze tra don Diego e Stellina. L'assurdo matrimonio per l'intanto non si è rotto, perché, come apprende Pepè dopo il duello sanguinoso dal Ravì, il vecchio marito «ama la compagnia» e lascia frequentare la sua casa a un gruppo di amici di Pepè, al pari di lui giovani e spensierati (capitolo IX). In altri termini, Stellina diventa nuovamente corteggiabile, e non lascia intravedere, per il momento, alcuna considerazione di riguardo per chi, lo dice lui stesso nel medesimo capitolo, sta «inchiodato a letto per lei». È rimasta fedele a se stessa, in altri termini, alla sua natura civettuola.

È il turno, come si sarà capito, di Ciro Coppa, al quale, non a caso, se si ragiona in termini di economia del racconto, muore la moglie. Nel frangente egli riesce a essere geloso persin del confessore, non sapendo quali peccati la poveretta possa rivelargli. Dire subito con esattezza a quale sfera del romanzo egli appartenga, pur essendo in origine certamente un personaggio comico, è difficile. C'è una vena di stravaganza, in lui, che lo obbliga ad esempio, non appena morta la moglie, a imbandire una sorta di banchetto funebre, in cui, alternativamente, invita con la violenza i parenti a mangiare e chiama con disperazione il nome della moglie: «Filomena! Filomena!» (capitolo X): non sappiamo se con qualche eco voluta del tragico banchetto di Tereo, a cui la moglie Progne imbandisce il corpo del figlio per avere, lui, violentato e privato della lingua la cognata Filòmela, poi trasformata in usignolo. Il riferimento può sembrare comunque eccessivo, lo sappiamo bene; ma è un modo come un altro per segnalare che quest'altro violento, il quale mescola alle ragioni della legge quelle della sciabola, ha pure qualcosa di tragico; anzi, a ben vedere, quando irrompe nel romanzo, disperde quasi definitivamente le poche tracce di comico ancora sussistenti. Nel frattempo, a dargli ulteriore possibilità di agire alla sua maniera, Pepè incappa in una seconda disavventura. Durante la sua forzata assenza Stellina è corteggiata da un altro dei giovanotti che frequentano la casa di don Diego, Mauro Salvo, e la cosa non dispiace al vecchio marito, colto dall'autore mentre abbozza un «sorrisetto» che «aveva un significato assai più recondito di quel che la sua gelosia gli attribuiva». La spiegazione la offre il narratore medesimo, in uno dei pochi interventi che lo rivelano «narratore onnisciente»: «i due rivali si sarebbero fatta la guardia a vicenda, e lui avrebbe ora potuto riposar tranquillo e sicuro [...]. Ed ecco perché il vecchio sorrideva a quel modo» (capitolo XI). C'è da chiedersi, a questo punto, se don Diego stia abbandonando la sua veste comica, ma la risposta non viene subito. Nel capitolo successivo, il XII, al seguito dei suoi giovani amici che si recano tutti, con Stellina, in visita ai templi di Agrigento, si busca una polmonite per il maltempo incontrato, senza destare compassione o pietà, e se mai travolge nel ridicolo lo stesso Pepè, che gli prodiga cure eccezionali (capitolo XIII). Il progetto primitivo del Ravì, che prevedeva la morte del vecchio e la sua sostituzione col giovane, sembra ormai maturo, tanto che Stellina e Pepè arrivano a scambiarsi un bacio curando l'infermo; ma Pirandello, che ha in serbo qualcosa di ben più importante, arresta l'esecuzione del piano, restituendo la salute al personaggio comico, don Diego, e consentendogli di maturare ulteriormente nella direzione appena intravista.

L'intrigo deve, però, ancora aggrovigliarsi un tantino. Pepè, mentre «usciva, una sera, raggiante di felicità dalla casa» di don Diego, è affrontato da Mauro Salvo, il quale, spalleggiato dai fratelli e dai cugini di un altro amico comune, gli intima, dopo averlo insultato, «di non metter più piede, d'ora in poi, in casa di don Diego Alcozèr» (capitolo XIV). Si profila una situazione già esperita, con la sola variante che questa volta Pepè è totalmente passivo, o quasi; di nuovo, poi, rientra in casa e ne fa cenno, in sogno, alla madre, che però lo fraintende, sognando a propria volta un'impossibile risistemazione dei rapporti sconnessi (nel suo sogno don Diego, in cambio del suo amore, ridà Stellina a Pepè: capitolo XV). Non solo, ma per la seconda volta Pepè ricorre per consiglio e aiuto al cognato, esattamente come aveva fatto per il duello, ma questa volta Ciro Coppa interviene di persona, prima sfidando a sua volta Mauro e i suoi compari (capitolo XVI) e poi recandosi in casa di don Diego, dove s'intromette in una discussione tra il Ravì padre e la figlia, nella quale prende le parti della seconda; si spinge a prometterle il suo aiuto, ovvero l'aiuto della «legge», per liberarla dal marito impostole contro la volontà (capitolo XVII). Invano il Ravì gli si oppone, e mette sull'avviso Pepè della pericolosità dell'iniziativa del cognato (capitolo XVIII). Ormai l'iniziativa è nelle mani di Ciro, che punta direttamente su Stellina, cui così professa, contrapponendosi a Pepè, la propria libertà, tale parendogli la sua istintiva ribellione alle prepotenze: «La fama che mi son fatta, creda, non corrisponde per nulla alla mia vera natura: sembro a tutti un prepotente, perché non ammetto prepotenze né dai miei simili, né dai pregiudizii del paese, né dalle abitudini che ciascun uomo tende a contrarre; nessuna prepotenza, neanche da Dio; sembro, per conseguenza, anche strano, solo perché voglio esser libero, in mezzo a tanta gente che è schiava o di se stessa o degli altri, come per esempio, mio cognato Pepè» (capitolo XIX). Manzonianamente, poi (pensiamo all'intervento di fra Cristoforo a favore di Lucia, quando, per proteggerla da don Rodrigo, la spedisce al convento di Monza), Ciro consiglia per l'intanto Stellina di ricoverarsi presso una sua sorella monaca, superiora di un collegio (capitolo XIX); e Stellina, che ha capito i possibili sviluppi dell'interesse dimostratole nella circostanza, esegue puntualmente (capitolo XX). Solo Pepè non si accorge di quel che sta accadendo, e rimarrà ancora a lungo al buio, progressivamente lasciando al cognato la funzione di succedere come marito a don Diego. Ma questo non significa che Ciro Coppa diventi il protagonista del romanzo: la funzione assegnatagli è quella di rimescolare ulteriormente le carte, impedendo una soluzione che, pur essendo nell'ordine delle possibilità, ha il torto di essere scontata fin dall'inizio, grazie all'illustrazione tosto fattane dal Ravì, e poi da lui strenuamente difesa, lungo tutto il corso del racconto: la soluzione comica, che prevedeva il rapido matrimonio fra i due giovani, Pepè e Stellina.

Il capitolo XXI si apre con la denuncia della fuga da casa di Stellina da parte di don Diego, il quale accenna subito al Ravì la sua intenzione di sposarsi: per la sesta volta! A un progetto comico fallito sembra doversene sostituire un altro, insomma, ma il vecchio damerino ha acquisito nel frattempo qualcosa di più rispetto agli inizi. Per dirla in breve, ha acquisito il «sentimento del contrario», e si è fatto personaggio umoristico, se escono dalla sua bocca parole che lo rivelano capace di una «filosofia» insospettata. Non è il narratore a pronunciare simile giudizio, ma lo stesso Ciro, quando, in veste di avvocato, ascolta questa giustificazione di don Diego, il quale è disposto sì a lasciare Stellina, ma non al patto di dover dichiarare la propria impotenza virile, pur avendogliela, Ciro, presentata come «un lieve sacrificio di vanità», in rapporto agli anni s'intende: «... siccome codesto sacrificio che lei dice potrebbe forse, in certo qual modo, danneggiarmi per l'avvenire... per quei pochi giorni che mi restano di questa sciocca fantocciata che chiamiamo vita... ecco, se ci fosse qualche altro rimedio...». Il «rimedio» è la discussione «a porte chiuse» della causa, nella quale, ovviamente, Ciro ha la meglio e Ravì la peggio, attirandosi per di più il soprannome di «Mammone», avendo così Ciro arringato la folla esultante per la sentenza a lui favorevole: «– Eroi i padri, o signori, che per render propizia la divinità alle nobili imprese della patria sacrificavan le figlie! Ma che dire d'un padre che, per loschi fini, la propria figlia sacrifica al dio Mammone? – Mammone! Mammone! Mammone! – gridò la folla, tra le risa e gli applausi» (capitolo XXII).

Qui si vede bene che *Il turno*, se pure non esclude la metamorfosi di un personaggio da comico a umoristico, non abbandona mai del tutto la sua sostanza comica primigenia, che, in qualche misura, si rinnova di continuo e informa la maggior parte del racconto. Quanto al personaggio metamorfosato, visto che si è già chiamato in causa *Il giuoco delle parti*, è bene rimanere a quel momento, grosso modo tra il '15 e il '20, del teatro di Pirandello: il momento dei cosiddetti «grotteschi». Perché lì, accanto al protagonista di questa bellissima commedia, che manda l'antagonista di cui si diceva prima a incontrare la morte in un duello (per salvare l'onore della donna che è moglie di lui, e amante dell'altro), si troveranno altri personaggi, i quali meriteranno a maggior ragione la qualifica di «filosofi», ora implicitamente riconosciuta da Ciro a don Diego. Alludiamo a *Così è (se vi pare)*, a *Il piacere dell'onestà*, due altri «grotteschi» che prevedono proprio l'esistenza a sé, nel novero dei personaggi, di un «Filosofo» *sui generis*, destinato a scoprire l'illusorietà delle finzioni sociali cui credono gli altri personaggi. In questa chiave di lettura non solo il personaggio di don Diego appare come un precursore del Leone Gala del *Giuoco delle parti*, del Laudisi di *Così è (se vi pare)*, del Baldovino del *Piacere dell'onestà*, ma l'intero romanzo si rivela suscettibile di una trasposizione teatrale non impropria. Anche perché don Diego cresce ancora nella dimensione umoristica rivendicatagli poco sopra. Al termine del capitolo XXIII, che vede la rottura fra Ciro e Pepè, finalmente accortosi del perché il cognato si è tanto interessato allo scioglimento del matrimonio di Stellina, don Diego invita Pepè a casa propria, per una partita a carte da giocarsi, anche, col Ravì. Tutti sono «sconfitti», ma l'unico a prenderla, per l'appunto, «con filosofia» è don Diego. «Sogghignava sotto il naso e si volgeva di tanto in tanto a sbirciare l'aspirante suo erede sconfitto»; non solo, ma quando parla, prende atto come nessun altro, nel libro, delle contraddizioni della vita, e si riserva la parte umoristica di chi «sente», e non solo «avverte» il contrario: «– Scusate se rido, don Pepè! Nella vita c'è da piangere e c'è da ridere. Ma io son vecchio e non ho più tempo di fare tutt'e due le cose. Preferisco ridere. Del resto, piangete voi per me...». Segue poi, da parte di don Diego, la rivelazione circa i progetti fatti da lui, Pepè, sulla scorta del Ravì, dopo la sua morte, ivi compreso il tentativo di farlo fuori con la gita ai templi. Ma non si tratta di un processo maligno, quanto piuttosto della sicurezza che, così operando, Pepè e il Ravì, hanno dimostrato essere vero che, «quando si desidera ardentemente la morte di uno, quest'uno non muore mai». Pepè, insomma, a sua insaputa è diventato l'«amuleto» di don Diego (capitolo XXIV); e la battuta non meraviglia, sia se si ricorda la sua abitudine a leggere negli animali le voci di spiriti defunti, sia se si prende atto ora, al capitolo XXV, della credenza più generale sull'esistenza degli spiriti che angoscia le notti di don Diego. Sono ancora le anime delle defunte a tormentarlo, laddove ad altri appaiono sotto le spoglie di animali (topi, gatti), sì che sempre su questo personaggio finisce per rovesciarsi un'altra responsabilità: quella di dar voce immediata, popolaresca, alla credenza spiritistica, che troverà di lì a poco largo ascolto nel *Fu Mattia Pascal*, quando il protagonista, creduto morto, cambia nome, diventa Adriano Meis e frequenta la casa di Anselmo Paleari, cultore di siffatta credenza, tanto diffusa nella cultura europea di fine Ottocento. Anche qui solo un cenno a cose destinate a ben più largo sviluppo, e conseguenze; ma tale nondimeno da lasciare capire subito la natura irrequieta di questo romanzo, autentico punto di passaggio verso alcuni degli esiti specifici della narrativa pirandelliana matura, adesso in procinto di solidificarsi e darsi dei contrassegni che la rendessero inconfondibile.

Al capitolo XXVI don Diego conferma la sua vocazione di «filosofo», e sempre con Pepè si lascia andare a una «umoristica» trasfigurazione delle «corna», che gli fanno «selva» sulla testa e che dovrebbero fargli da «scala» per salire in «Paradiso». La sua estraneità alla vicenda in corso è ormai totale; e davvero, lì per lì, non si accetta che Pirandello lo faccia ancora una volta sposare, reinserendolo in una dinamica dalla quale si è profondamente astratto, così come vuole la sua rinnovata personalità. È uno sforzo estremo per ricondurre alla zona del comico un personaggio che ne è uscito ormai decisamente; e, al limite, neppure comica riesce la morte di Ciro Coppa, che prima era ricaduto nella gelosia già provata per Filomena (questa volta con qualche ragione), poi aveva rintanato la moglie in campagna (capitolo XXVII), impedendo a Pepè, che lavora ormai con lui, di vederla (capitoli XXVIII-XXIX), e in ultimo aveva dato in escandescenze in tribunale, durante un'arringa, e aveva scagliato un calamaio contro un magistrato. Arrestato, era stato colpito da apoplessia, donde la morte (capitolo XXX). A questo punto Pepè dovrebbe sposare Stellina, e concludere così circolarmente il libro, col ritorno al punto d'avvio. Ma già si è detto che il progetto del Ravì si è intoppato per sempre, e a lui non rimane altro che dar la notizia delle nuove nozze di don Diego. Quanto a Pepè, Pirandello si limita a presentarlo nel suo dolore di zio di due orfani, di madre prima e di padre adesso, rinviando a Stellina la decisione se accettarlo o no come marito: «Pepè se li teneva stretti sul petto e sentiva, nell'esaltazione del dolore, che la povera Filomena, dal mondo di là, glieli affidava. Con lo sguardo dolorosamente fisso su Stellina, aspettava, aspettava, che ella levasse gli occhi dal fazzoletto e lo vedesse così e comprendesse». Se mai una soluzione nuziale si dà, per Pepè e Stellina, essa prescinde del tutto dal matrimonio della commedia: non solo perché è tutto meno che un lieto fine, ma perché sarebbe un matrimonio che ripara gli esiti distruttivi di un altro, rispetto al quale rischia in partenza d'essere spossessato d'un requisito fondamentale: quello d'aver figli propri. Il pianto, a questo punto, che secondo il «filosofo» del libro si alterna al riso nel susseguirsi della vita, potrebbe davvero aver la meglio, se non fosse lo stesso filosofo, col suo comico matrimonio, a garantirne l'alternanza col riso. Ecco perché Pirandello ha costretto don Diego a risposarsi: perché salvasse, a scapito della sua congruità di personaggio, la verità delle sue conclusioni sulla «vita». La comicità, a questo punto, non pretende più d'avere a disposizione la totalità dello spazio narrativo: entra in un progetto più ampio di rappresentazione del reale, qual è quello umoristico. E si mescola col tragico, verificando ancora una volta la vanità del precetto di chi, sin dai tempi del Guarini, riteneva impossibili simili temperanze.

Il soliloquio narrativo e le ragioni di un rifacimento

A introdurre convenientemente il lettore nella sintassi narrativa del *Turno* è largamente sufficiente il I capitolo del libro, quello dove il padre di Stellina espone il suo progetto di nozze della figlia con don Diego, cercando di mostrarne l'opportunità e la convenienza. Solo sul finale appaiono le due probabili interlocutrici, la moglie e la cosiddetta «portavoce del vicinato», che, si è dimenticato di dirlo, diventerà l'ultima moglie di don Diego. In realtà, quello di Marcantonio Ravì è un soliloquio, e non solo perché, per il suo carattere assurdo, non favorisce certo il dialogo; ma perché ha proprio la caratteristica fondamentale del soliloquio: supporre un uditorio, ma non tollerarne l'alternanza. Né deve meravigliare il fatto che il Ravì discorra a voce alta, dal momento che così priva il suo soliloquio dei toni raccolti e discreti che si addicono a discorsi di altra provenienza. Solo così, a voce alta, il Ravì può snidare chi la pensa diversamente da lui, e, soprattutto, solo così può prendere coraggio per imbarcarsi in un'impresa lì per lì impossibile. Questa esternazione di pensieri e sentimenti, che devono diventare azione e concretarsi in una strategia di fatti e di attese (sposare Stellina, e poi attendere la morte di don Diego, sì da chiamare in causa un pretendente non altrettanto sconveniente), fa sì che sia impossibile contenere il ragionamento del Ravì nella rete di un discorso indiretto libero, che è la struttura grammaticale destinata a fine Ottocento a incidere maggiormente sul tempo storico dominante nella sintassi narrativa, naturalistica e veristica. Non a caso il tempo verbale caratteristico di questo discorso, il condizionale, non lascia affiorare, come potrebbe, uno strato più profondo di pensieri e di sentimenti. Quando il Ravì sostiene che egli «si sarebbe guardato bene dal nega*re*» che Pepè Alletto era un «giovane d'oro», oppure che «gli sarebbe piaciuto di maritar la figlia col consenso popolare», dà voce a ipotesi non sue; e, perché tali, cerca subito di dimostrarne l'irrealtà, sperando di convincere, e specialmente di convincersi, della bontà delle proprie opinioni. Non per questo il tempo storico della narrazione non subisce una contrazione. Le azioni scandite dall'imperfetto non hanno molta importanza nello sproloquio del Ravì, e tanto meno giustificano le sue parole, dirette o indirette: servono invece a figurare propriamente il suo contegno nel pronunciarle e quello dei suoi lontani interlocutori nel contraddirle. Insomma, i cosiddetti *verba narrandi* alla fin fine escono come paralizzati, in siffatta dinamica di racconto. La vera concentrazione dello scrittore si esercita sulla singola parola, pronunciata e ripetuta con giochi di rimandi che quasi attestano in chi sta parlando una specie di sordità alle opinioni degli altri («– Ragioniamo!»; «– Don Diego Alcozèr?»).

Pirandello si avvicina diversamente al soliloquio nel capitolo XVIII, quando dà corso ai pensieri e alle immaginazioni di Pepè, in dubbio adesso se Stellina, contesagli da Mauro Salvo, nutra o no amore per lui. Il soliloquio potrebbe nascere dalla ricerca di dar espressione al flusso dei pensieri nella mente di Pepè, trattandosi di un uomo esasperato dalla passione. Invece il contesto interrogativo in cui esso si colloca finisce col destare l'impressione di trovarsi di fronte a una sorta di operazione chirurgica, la quale seziona in più pensieri il travaglio mentale del personaggio. È come se si pensasse ad alta voce, insomma; e se pure non c'è provocazione o aggressività in questa condizione, volendo Pirandello distinguere bene tra il Ravì e Pepè, operativo l'uno e passivo l'altro, alla fin fine ancora una volta il personaggio non è condotto a scrutarsi più dentro, prendendo lui direttamente in mano le redini del discorso narrativo. E dire che Pepè, come dimostra la chiusa del capitolo III, là dove egli medita su un'impossibile fuga da Agrigento, ha in potenza tutte le caratteristiche per favorire un simile esito. «Strani momenti» vengono definiti stavolta i pensieri di Pepè, quasi con sorpresa: sorpresa non brusca, non insistita, ma appena sussurrata, neanche totalmente consumata, come se il romanziere si proponesse di sfruttarla in maniera adeguata altrove, in un contesto meno sottoposto, come l'attuale, a esigenze di carattere dimostrativo. La strumentazione verbale rimane, comunque, quella dei tempi storici, laddove in un caso del genere, verificatosi qualche anno prima nell'*Esclusa* (I, III), Pirandello era già transitato al presente indicativo, un altro dei tempi dell'indiretto libero. Oltre, nel *Turno*, non è possibile andare; e del testo lo si è già esplicitamente lasciato intendere, parlando dei legami di questo romanzo con la produzione comica futura. Per dirla altrimenti, *Il turno* gioca le sue sorti al di là del genere cui appartiene. Il quale, invece, ha conosciuto, a questa data, una prova assai più coraggiosa (*L'esclusa*) e sta per conoscerne un'altra (*Il fu Mattia Pascal*) ben altrimenti produttiva nell'ambito della scrittura romanzesca di Pirandello. Qui, a livello di sintassi narrativa, la natura comica e preumoristica del libro, l'una scaturita dall'altra, non consentono a Pirandello di tentare strutture formali decisamente orientate all'abbandono delle consuetudini del romanzo naturalistico e veristico.

Rimane da discutere un altro problema formale che *Il turno* pone rispetto all'*Esclusa*: il problema della posizione dell'autore nei confronti dei suoi personaggi. Si è accennato alla figura del «narratore onnisciente», e si è fatto presente che un personaggio, don Diego, sembra destinato a incarnarla temporaneamente. È una confusione di piani, questa, che si cancellerebbe se nel don Diego divenuto «filosofo» si cercasse e si trovasse un alter ego dell'autore. Detta altrimenti, *Il turno* progressivamente recupererebbe la figura mancante dell'autore, mai però riconoscendola come tale e lasciando per intera al lettore la responsabilità di una sovrapposizione del genere. La sola cosa certa è un'altra: l'autore non appare a sé nel libro, non si riserva spazi d'intervento immediato o mediato, meno che mai tira conclusioni che vadano al di là di quelle prospettate dal titolo, davvero illuminante, come si è già avuto occasione di rilevare. L'unica ipotesi formulabile, che tenga conto di queste osservazioni preliminari, rimane quella già prospettata della delega a un personaggio del ruolo dell'autore, previa avvertenza che rimangono, comunque, lunghi tratti del romanzo dove la delega è impossibile (quando don Diego veste panni comici, e non altri). Stando così le cose, l'eventualità d'una conformazione del *Turno* a strutture teatrali (non importa il genere, ma il rapporto autore-personaggi in scena) riprende fiato e si rivela praticabile anche a questo livello di strutturazione del testo. Poco importa che occorra ancora un decennio perché Pirandello affronti il palcoscenico: sempre di romanzo si tratta, è vero, ma di romanzo che recupera, si è visto, più di una condizione teatrale pirandelliana (il soliloquio, il personaggio che si fa narratore onnisciente, il personaggio che anticipa una parte tipica della commedia grottesca). Viene alla mente, al riguardo, un'osservazione acutissima di Giacomo Debenedetti in margine all'ultimo libro di novelle di Pirandello, *Una giornata*, poi confluita nella serie dei *Saggi critici* del 1955: «Di solito, nella narrativa tradizionale, romanzi e racconti parevano nascere da un silenzio già virtualmente gremito di voci in attesa, che avessero infine trovato il timbro e quasi l'intima sicurezza per affidarsi a parlare. Il silenzio precedente, pieno di presagi, era stato propiziato e persuaso. In Pirandello invece esso appare conculcato». Nel *Turno* succede qualcosa di simile, e che, a mio parere, è tipicamente teatrale: il silenzio, da cui emergono i personaggi e al di là del quale si dispongono a recitare la loro parte, con pochissimi ripensamenti interiori e tanta, tanta precipitazione esteriore, ha tutta l'aria di quello che si verifica in sala, prima dell'alzata del sipario. «In attesa» sono tanto gli attori quanto gli spettatori; e se il Pirandello del *Turno* prescinde dai secondi, ha già pronti i primi. Ed è disposto a liberarli, ritirandosi.

Rispetto all'edizione definitiva del *Turno*, quella Bemporad del '29, la prima (1902) e la seconda (1915) concordano sovente nel proporre lezioni scartate da Pirandello per ragioni, diciamo così, di pulizia verbale e di sveltezza sintattica da far valere. Qualcosa di più interessante rivelano le soppressioni di passi che, a loro volta, impediscono alla scrittura, ma soprattutto alla trama, di delinearsi con nettezza. È il caso che si registra nel capitolo XV, quando Pepè rientra a casa dopo l'intimidazione ricevuta da Mauro Salvo e la madre, che qualcosa capisce, ammonisce il figlio a non essere «la causa della [*sua*] morte». Così prosegue la *princeps*, cui si adegua la seconda stampa: «Pepè cenò di buon appetito. Col ricordo della suprema gioia concessagli da Stellina cercava di far tacere in sé la vergogna per l'affronto patito e la preoccupazione per la minaccia del Salvo. Ah Stellina, Stellina era tutta sua ormai, tutta e per sempre! Chi avrebbe potuto strappargliela più dalle braccia?».

Dunque, fra Pepè e Stellina si è consumato un atto d'amore totale, nel ricordo del quale Pepè si abbandona a un soliloquio che è interiore; subito dopo egli trascorre, come nell'edizione definitiva, al discorso indiretto libero, per esprimere il suo pensiero sulla morte probabile di don Diego («Lasciatelo morire, e la vedremo!»). Nella stampa definitiva il discorso indiretto libero cade, per la ragione dell'inopportunità, avvertita in ultimo da Pirandello, del soddisfare sessualmente un protagonista che, sappiamo, deve la sua peculiarità all'incertezza in cui Stellina lo tiene da sempre, incertezza nella quale trova spazio la dipendenza affettiva nei confronti della madre.

Cade anche nel capitolo VI il flashback relativo alla giovinezza di Ciro Coppa, giovinezza garibaldina, forse suggerito a Pirandello dal di lui padre, Stefano, per di più uomo facile all'ira (un'eco anche nell'*Esclusa,* all'inizio della parte seconda). Parimenti qui non si può non sottolineare la convenienza del taglio, trattandosi di un personaggio sfornato tutto d'un pezzo, comico e tragico a un tempo, che non nasce dalla storia ma se mai dai repertori delle maschere teatrali, non escluso il Capitan Spavento della Commedia dell'Arte, e dai drammoni strappacuore: «Lì, in una parete della stanza, erano appesi e disposti, come una nuova panoplia, uno schioppo, una sciabola, un berretto e una camicia rossa. A tredici anni, Ciro era scappato dalla casa paterna; era giunto a Palermo il giorno dopo l'entrata di Garibaldi; aveva combattuto con lui, e a Milazzo era stato ferito in un braccio».

Entrambe le edizioni precedenti avevano mantenuto questo passo; e così pure dicasi di un altro, relativo a Stellina, nel momento in cui, al termine del capitolo II, si concia coi gioielli di don Diego. Qui la soppressione è certamente motivata dall'insostenibilità di una sequenza verbale tutta vezzi e ricami, poco congrua al linguaggio asciutto del resto del libro.

Il lavoro correttorio, in definitiva, non ha alterato la sostanza e la natura del *Turno:* anzi, in qualche modo le ha confermate. Evidentemente Pirandello, a quasi trent'anni di distanza dalla prima stesura, ha tenuto fede alla forma di un libro della sua giovinezza che aveva saputo, senza strappi vistosi, anticipare alcuni esiti della sua scrittura di là da venire. Non c'era bisogno di rifare *Il turno,* come accadde per *L'esclusa,* quando Pirandello decise di farne un romanzo già umoristico, suo malgrado. Pochi ritocchi, e il secondo romanzo trovava la veste definitiva per essere quel che Pirandello era divenuto negli anni Venti: l'autore che sapeva muoversi agevolmente e unitariamente dal romanzo al teatro. Se poi, come lui stesso volle far credere, non era questione di «romanzo», ma di «racconto», la cosa non cambiava realmente: sempre *Il turno* rimane l'esempio precoce della possibilità di transitare dalla narrativa al teatro senza, quasi, soluzioni di continuità.

Marziano Guglielminetti

Cronologia

«Io dunque sono figlio del Caos; e non allegoricamente, ma in giusta realtà» diceva Pirandello in quel *Frammento d'autobiografia* dettato, nell'estate 1893, all'amico Pio Spezi, che lo pubblicò molti anni dopo sulla «Nuova Antologia» (16 giugno 1933). L'allusione è alla rustica casa, detta «il Caos», nella campagna intorno a Girgenti (divenuta, nel 1927, Agrigento), dove Luigi nacque il 28 giugno, durante un'epidemia di colera che aveva indotto, appunto, la madre ad abbandonare la città, insieme alla primogenita, la piccola Rosalina (Lina).

Nella famiglia Pirandello era particolarmente viva la componente patriottica: Stefano, il padre, di origine ligure, aveva combattuto con Garibaldi e, nel novembre 1863, aveva sposato la sorella di un commilitone, Caterina Ricci Gramitto, il cui padre, Giovanni, era stato acceso antiborbonico e perciò, dopo la rivoluzione del '48, esiliato a Malta.

1870-1881
Gli anni della formazione «siciliana» di Luigi lo vedono alle prese con il locale patrimonio folcloristico di superstizioni e leggende (mediato da una domestica di casa Pirandello, Maria Stella), con un'educazione religiosa ben presto ripudiata per le ipocrisie traumaticamente individuatevi e con episodi di amore e morte intravisti all'interno di una torre-*morgue*.

A integrare alla meglio l'esigua biblioteca paterna, Luigi si rivolge al cartolaio locale, da cui acquista, fra l'altro, due opere del Pellico, *Le mie prigioni* e una tragedia, l'*Eufemio da Messina*. Da questa viene anche, a lui dodicenne, lo stimolo a scrivere una tragedia, andata perduta, da rappresentare con i coetanei: una suggestione, inoltre, di quei pupi siciliani che, come racconterà lui stesso, aveva, sin da piccolo, molto amato.

Dopo una prima istruzione elementare impartitagli in casa da un precettore, Luigi è iscritto dal padre, commerciante di zolfo, alle scuole tecniche. Il registro della prima classe, da lui frequentata nel '78-79, documenta che superò gli esami finali con una media di settanta su cento. Ma l'attrazione per gli studi classici è forte: complici la madre e lo zio, prepara l'esame integrativo di latino e passa al ginnasio, dove ottiene l'iscrizione alla seconda classe. Sfida così l'ira paterna, a evitare la quale racconterà, nel *Frammento d'autobiografia*, di essere fuggito fino a Como: inattendibile fuga, da lui stesso, del resto, poi smentita.

1882-1887
In seguito al rovescio economico del padre, la famiglia si trasferisce (nel 1882, secondo la testimonianza del quartogenito, Innocenzo) a Palermo, dove Luigi porta a termine gli studi liceali. Rimasto solo in città dopo il successivo spostamento dei suoi a Porto Empedocle, Luigi si innamora, durante l'ultimo anno di liceo, di una cugina di qualche anno maggiore di lui, Paolina (Lina). Per lei continua gli studi a Palermo, iscrivendosi, nel 1886, alla facoltà di Lettere e a quella di Legge, dove entrerà in contatto con quella generazione di giovani fra cui si formeranno i dirigenti dei Fasci siciliani.
Pressioni da parte della famiglia di Lina lo inducono a tentare un veloce inserimento nel mondo lavorativo: nasce così, nell'estate 1887, un periodo di lavoro accanto al padre nelle zolfare di Porto Empedocle. Dell'autunno è il fidanzamento ufficiale, momento da cui, tuttavia, inizia ad affievolirsi l'amore. Deciso ad abbandonare la carriera commerciale e a riprendere gli studi, Luigi sceglie non più Palermo ma Roma, alla cui facoltà di Lettere si trasferisce nel novembre 1887, abitando prima presso uno zio materno, Rocco Ricci Gramitto, poi in una pensione. È dispensato dal servizio militare, che si assume in sua vece il fratello Innocenzo.

1889-1891
Nel 1889 pubblica a Palermo, presso la Libreria Internazionale L. Pedone Lauriel di Carlo Clausen, la sua prima raccolta poetica, dall'antinomico titolo *Mal giocondo*.
Nel novembre 1889 si iscrive all'università di Bonn, dove era stato indirizzato, con una lettera di presentazione per il professor Wendelin

Foerster, da Ernesto Monaci, docente di Filologia romanza. Molla al trasferimento era stato uno scontro avuto da Pirandello con il professore di latino, Onorato Occioni.

Il 21 marzo 1891 si laurea in Filologia romanza a Bonn, con una tesi su *Laute und Lautentwickelung der Mundart von Girgenti* («Suoni e sviluppi di suono della parlata di Girgenti»). Al periodo di Bonn risale l'amore per Jenny Schulz-Lander, la ragazza tedesca cui dedica la seconda raccolta di versi, *Pasqua di Gea*, pubblicata, al ritorno in Italia, dalla Libreria Editrice Galli di Milano nel 1891.

Dopo un breve rientro in Sicilia, ottenuto dal padre un assegno mensile, è di nuovo a Roma: qui, a metà agosto 1891, scrive una lunga lettera al genitore a giustificare la necessità di rompere l'ormai logorato fidanzamento con Lina.

1892-1896
Tramite, dapprima, l'amicizia con Ugo Fleres, entra in contatto con l'ambiente letterario della capitale e, grazie alle sollecitazioni di Luigi Capuana, tenta la via della prosa. Nasce così, nel 1893, durante un soggiorno a Monte Cavo, il primo romanzo, *Marta Ajala*, pubblicato solo nel 1901 col titolo *L'esclusa*.

Il 27 gennaio 1894 sposa, a Girgenti, Maria Antonietta Portulano, figlia di un socio del padre, e si stabilisce quindi definitivamente a Roma con la moglie. Nel giugno 1895 nascerà il primo figlio, Stefano.

Al 1894 risale la prima raccolta di novelle, *Amori senza amore* (Stabilimento Bontempelli Editore, Roma), che raccoglie tre testi, *L'onda*, *La signorina*, *L'amica delle mogli*, esclusi poi dalle successive raccolte. Sempre nel 1894 pubblica il poemetto *Pier Gudrò* (Enrico Voghera, Roma), primo saggio di tematica risorgimentale, ripubblicato poi, in una nuova stesura, sulla «Riviera ligure» del luglio 1906.

Intensa, frattanto, la sua collaborazione a giornali e riviste («La Tavola rotonda», «La Nazione letteraria» di Firenze, «Rassegna settimanale universale», «Il Folchetto», «Roma letteraria», «La Critica» di Gino Monaldi, «La Tribuna illustrata», «Roma di Roma» ecc.), su cui pubblica articoli, saggi, poesie, novelle. Dal novembre 1896 avvia anche la collaborazione al fiorentino «Marzocco» dei fratelli Orvieto.

Al 1895 risale la stesura del secondo romanzo, *Il turno*, e la pubblicazione delle *Elegie renane* (Unione Cooperativa Editrice, Roma), composte negli anni di Bonn, sulla scia della traduzione, allora avviata, delle *Elegie romane* di Goethe, pubblicate a Livorno da Giusti nel 1896.

1897-1902

Sostituisce Giuseppe Màntica nell'insegnamento della lingua italiana all'Istituto superiore di Magistero di Roma, diretto da Giuseppe Aurelio Costanzo.

Nel giugno 1897 nasce la figlia Rosalia (Lietta), cui seguirà, nel giugno 1899, il figlio Fausto.

Verso la fine del 1897 avvia le sue pubblicazioni «Ariel», la rivista di titolo shakespeariano diretta da Carlo Italo Falbo e nata nel cenacolo letterario intorno a Giuseppe Màntica, cui partecipano altri amici di Pirandello, come Ugo Fleres, Italo Palmarini, Luigi Capuana, Nino Martoglio e Giustino Ferri. Fra le varie collaborazioni di Pirandello alla rivista – che chiude le pubblicazioni nel 1898 – è, nel numero 14, un atto unico, *L'epilogo*, ripubblicato nel 1914 col titolo *La morsa*.

Nel 1901, oltre al volume di liriche *Zampogna* (Società Editrice Dante Alighieri, Roma), appare a puntate su «La Tribuna», tra il giugno e l'agosto, il romanzo *L'esclusa*, pubblicato poi in volume da Treves nel 1908. Nel 1902 escono *Il turno* (Giannotta, Catania) e due raccolte di novelle, *Beffe della morte e della vita* (Francesco Lumachi, Firenze) e *Quand'ero matto...* (Streglio, Torino). Inizia a collaborare, nel gennaio 1902, alla «Nuova Antologia», di cui è redattore capo Giovanni Cena.

1903-1907

La seconda serie di *Beffe della morte e della vita* esce, nel 1903, presso l'editore Lumachi di Firenze.

Nello stesso anno precipita la situazione economica e familiare di Pirandello: nell'allagamento di una grande miniera di zolfo il padre Stefano perde il suo patrimonio nonché la dote, lì investita, della nuora Antonietta. È per quest'ultima, già fragile di nervi, il tracollo nervoso che le comporterà una paresi alle gambe, durata sei mesi e, quindi, una mai sanata forma di paranoia. Per far fronte a tale precaria condizione, Luigi ricorre a lezioni private, chiede compensi per le sue collaborazioni letterarie e, dietro un anticipo dato da Cena, pubblica a puntate sulla «Nuova Antologia», tra l'aprile e il giugno 1904, *Il fu Mattia Pascal*, poi apparso in estratto. Il successo del romanzo, tradotto nel 1905 in tedesco, gli aprirà le porte dell'importante casa editrice Treves di Milano. Nel 1904 aveva pubblicato, a Torino da Streglio, la raccolta di novelle *Bianche e nere*; la nuova raccolta, *Erma bifronte*, uscirà appunto da Treves nel 1906.

Nel corso del 1906 appaiono sulla «Rivista di Roma» la prima e la seconda parte del poemetto *Laòmache* (in versione integrale nel 1916), e il poemetto drammatico *Scamandro* (in volume nel 1909).

1908-1909

In vista del concorso a cattedra, pubblica due importanti volumi di saggi, *Arte e scienza* (W. Modes Libraio-Editore, Roma) e *L'umorismo* (Carabba, Lanciano), dedicato «Alla buon'anima di Mattia Pascal bibliotecario». La cattedra di «lingua italiana, stilistica e precettistica e studio dei classici, compresi i greci e i latini nelle migliori versioni» nel primo biennio dell'Istituto superiore di Magistero di Roma sarà da lui mantenuta dal 1908 al 1922, nonostante le riserve avanzate sulla stessa materia d'insegnamento, la stilistica, non ben definibile dai più, e nonostante il dichiarato peso di tale incarico. Spesso, infatti, si trovò a richiedere congedi al direttore dell'istituto, Costanzo, che, oltre a essergli amico, ne apprezzava la vivacità delle lezioni.

Fra il gennaio e il novembre 1909 appare, sulla «Rassegna contemporanea», la prima parte del romanzo *I vecchi e i giovani*, pubblicato integralmente da Treves nel 1913. Nell'ottobre 1909 avvia la collaborazione al «Corriere della Sera», su cui continueranno ad apparire sue novelle fino al 9 dicembre 1936, giorno precedente la sua morte.

1910-1914

Su sollecitazione del commediografo siciliano Nino Martoglio, direttore della Compagnia del Teatro Minimo, trae, dall'omonima novella del 1900, l'atto unico *Lumìe di Sicilia*, messo in scena il 9 dicembre 1910 insieme a *La morsa* (titolata, nel 1898 su «Ariel», *L'epilogo*).

Escono, da Treves, la raccolta di novelle *La vita nuda* e *Il fu Mattia Pascal*: del romanzo si ha, nello stesso anno, una traduzione francese, apparsa prima a puntate sul «Journal de Genève», poi in volume a Parigi da Calmann-Lévy.

Nel 1911 esce il romanzo *Suo marito* (Quattrini, Firenze), la cui diffusione viene limitata dall'autore stesso per non offendere Grazia Deledda che nella vicenda si era riconosciuta, e che poi, nel 1941, sarà ripubblicato postumo da Stefano Pirandello, nella parziale revisione operatane dal padre, col titolo *Giustino Roncella nato Boggiòlo*. Esce, nel 1912, da Treves, la raccolta di novelle *Terzetti*, mentre l'ultimo volume di versi, *Fuori di chiave*, appare a Genova da Formiggini.

Il 20 giugno 1913 la Compagnia del Teatro per Tutti, diretta da Lucio d'Ambra e Achille Vitti, mette in scena a Roma l'atto unico *Il dovere del medico*, tratto da una novella del 1902, *Il gancio*.

Esce, nel 1914, a Firenze da Quattrini, la raccolta di novelle *Le due maschere* (poi, col titolo *Tu ridi*, Treves, Milano 1920).

1915

La sua prima commedia in tre atti, *Se non così*, va in scena a Milano il 19 aprile, sotto la direzione di Marco Praga e con Irma Gramatica come protagonista. La commedia, divenuta nel 1921 *La ragione degli altri*, risaliva a una prima idea del 1896, *Il nibbio*.

Un nuovo romanzo, *Si gira...*, appare a puntate, tra il giugno e l'agosto, sulla «Nuova Antologia»: nel '16 è in volume da Treves e, nel 1925, ne uscirà una nuova edizione, dal titolo *Quaderni di Serafino Gubbio operatore*, presso Bemporad. Escono due altre raccolte di novelle, *La trappola*, da Treves, e *Erba del nostro orto* (Studio Editoriale Lombardo, Milano). Nel dicembre va in scena a Roma l'atto unico *Cecè*, scritto nel 1913.

Con l'intervento in guerra dell'Italia, il figlio Stefano parte volontario; il 2 novembre è fatto prigioniero ed è internato a Mauthausen da cui passerà (dopo Caporetto) a Plan, in Boemia. A Girgenti muore la madre Caterina, mentre più pesante si fa la situazione familiare per l'aggravarsi della malattia mentale della moglie, sotto forma di morbosa gelosia.

1916-1918

Persuaso dall'amico Nino Martoglio, contribuisce al repertorio del famoso attore siciliano Angelo Musco che, nel 1916, porta in scena due testi pirandelliani, entrambi in dialetto siciliano: *Pensaci, Giacomino!*, tratto dall'omonima novella del 1910, e *Liolà*. L'anno seguente Musco rappresenta, sempre in dialetto, la commedia in due atti *Il berretto a sonagli*, tratta da due novelle del 1912, *Certi obblighi* e *La verità*, e l'atto unico *La giara*, derivato dall'omonima novella del 1909.

Ma il 1917 è anche anno di svolta per il teatro pirandelliano: nel giugno, la Compagnia di Virgilio Talli mette in scena a Milano *Così è (se vi pare)*, tratta dalla novella *La signora Frola e il signor Ponza, suo genero*; nel novembre la Compagnia di Ruggero Ruggeri rappresenta a Torino *Il piacere dell'onestà*, il cui spunto deriva da una novella del 1905, *Tirocinio*.

Continuano intanto ad apparire, presso Treves, altri volumi di novelle: del 1917 è la raccolta *E domani, lunedì...*, che comprende anche il «mistero profano» in un atto *All'uscita*, scritto e apparso in rivista nel 1916; del 1918 è la raccolta *Un cavallo nella luna*.

Fra il novembre e il dicembre 1918 altre due prime importanti: Emma Gramatica rappresenta a Livorno *Ma non è una cosa seria*, tratta dalle novelle *La signora Speranza* (1903) e *Non è una cosa seria* (1910); Ruggero Ruggeri e Vera Vergani interpretano a Roma *Il giuoco delle parti*, tratto dalla novella del 1913, *Quando s'è capito il giuoco*.
In novembre torna dalla prigionia il figlio Stefano.

1919-1920

La sempre più grave situazione familiare trova doloroso sbocco nell'internamento di Antonietta in una casa di cura. La soluzione, pur sofferta da Pirandello, ormai legato alla moglie da una catena di vincoli morbosi, permette il tranquillo rientro in famiglia della figlia Lietta, dovutasi allontanare per la paranoica gelosia della madre che sospettava passioni incestuose. Di lì a poco (nel 1921) Lietta sposerà un cileno e, quindi, si trasferirà nella patria del marito: per il padre, sarà il vuoto intorno.
Durante il primo semestre del 1919 vanno in scena *L'innesto* (a Milano, per la Compagnia Talli), l'atto unico *La patente*, tratto, già nel 1917, dall'omonima novella del 1911 e, ora, in scena a Roma nella versione siciliana per Musco, e *L'uomo, la bestia e la virtù* (a Milano, per la Compagnia di Antonio Gandusio), tratto da una novella del 1906, *Richiamo all'obbligo*.
Escono, nel corso del 1919, altri due volumi di novelle: *Berecche e la guerra* (Facchi, Milano) e *Il carnevale dei morti* (Battistelli, Firenze).
Nel 1920 si registra il primo incontrastato successo teatrale: dopo la prima, nel marzo a Roma, di *Tutto per bene*, tratto dall'omonima novella del 1906 e interpretato da Ruggero Ruggeri, il 24 marzo, al Teatro Goldoni di Venezia, la Compagnia Ferrero-Celli-Paoli incontra pieno successo con *Come prima, meglio di prima* (tratto da una novella del 1904, *La veglia*).
Nel novembre, a Roma, Emma Gramatica interpreta *La Signora Morli, una e due*. Del 1920 è anche il passaggio dalla casa editrice Treves a Bemporad, che pubblicherà, sino al 1929, sia una seconda raccolta delle opere teatrali (*Maschere nude*) sia l'intero *corpus* delle novelle, ora titolato *Novelle per un anno*. Sempre nel 1920 si ha la prima versione cinematografica di un'opera di Pirandello: Camerini gira l'adattamento di *Ma non è una cosa seria*.

1921-1922

È, il 1921, l'anno dei *Sei personaggi in cerca d'autore*: la commedia cade clamorosamente al Teatro Valle di Roma il 10 maggio, con la Compagnia di Dario Niccodemi. Il 27 settembre, al Teatro Manzoni di Milano, è il pieno successo. L'anno seguente, i *Sei personaggi* saranno rappresentati a Londra e a New York: ha inizio la fortuna di Pirandello all'estero. Ancora del 1921 è la ristampa, presso Bemporad, di *Il fu Mattia Pascal*, con aggiunta un'*Avvertenza sugli scrupoli della fantasia*. Si infittiscono, intanto, gli adattamenti cinematografici da novelle come *Il viaggio, La rosa* e *Lo scaldino*.

Il 24 febbraio 1922 segna, al Teatro Manzoni di Milano, il trionfo dell'*Enrico IV*, interpretato da Ruggero Ruggeri. Altre prime del 1922 sono: *All'uscita* (1916), l'atto unico *L'imbecille*, tratto dall'omonima novella del 1912, e *Vestire gli ignudi*, portato al trionfo, in novembre, al Teatro Quirino di Roma da Maria Melato.

1923-1924
A seguire la fortuna internazionale delle sue commedie, Pirandello parte per l'estero. Nell'aprile 1923 è a Parigi, dove George e Ludmilla Pitoëff portano al successo, presente l'autore, i *Sei personaggi* nella versione di Benjamin Crémieux: famosa è la trovata registica per cui i sei personaggi sono calati dall'alto sulla scena con un montacarichi. Le pareti del «mondo di carta» cedono ormai per lo scrittore investito dalla celebrità che si ritroverà, dopo lunghi anni vissuti fra oppressive pareti domestiche, a spostarsi da un paese all'altro, «viaggiatore senza bagagli», come lui stesso ebbe poi a definirsi.

Tra il dicembre 1923 e il gennaio 1924 è in America, invitato a New York dalla direzione del Fulton Theatre che istituisce una stagione pirandelliana, mutando nome per l'occasione in Pirandello's Theatre: tra l'ottobre '23 e il gennaio '24 vi si rappresentano i *Sei personaggi, Come prima, meglio di prima, Enrico IV*. Del 1923 è anche la traduzione, sia inglese che americana, di *Il fu Mattia Pascal*.

Mentre continuano, sempre con successo, messe in scena pirandelliane in moltissime città straniere (e non solo europee), si hanno altre prime italiane: nel 1923, l'atto unico *L'uomo dal fiore in bocca* (tratto da una novella del 1918, *Caffè notturno*, poi *La morte addosso*), *La vita che ti diedi* e l'atto unico *L'altro figlio* (tratto dall'omonima novella del 1905). Ispirato a un episodio di *Si gira...* è *Ciascuno a suo modo*, messo in scena nel maggio 1924 dalla Compagnia Niccodemi a Milano.

Prima di partire per l'America aveva avuto una convocazione a Palazzo Chigi da Mussolini, cui seguiva un'intervista su «L'Idea Nazionale» (23 ottobre). Sul medesimo giornale di Enrico Corradini, il 28 ottobre appariva la sua firma nel numero dedicato al *Primo annuale della Marcia su Roma*. Il 19 settembre 1924 «L'Impero» pubblicava la sua richiesta di iscrizione al Partito fascista indirizzata a Mussolini: in un'intervista a caldo l'autore dava spiegazione del suo gesto.

1925

Anno importante, questo, per Pirandello, che assume la direzione di quel Teatro d'Arte nato, verso la fine del '24, sotto la spinta del figlio Stefano, di Orio Vergani, Massimo Bontempelli e altri. La stagione si inaugura, nel rammodernato ma piccolo teatro di Palazzo Odescalchi, il 4 aprile con un atto unico dello stesso Pirandello, la *Sagra del Signore della nave*, tratto da una novella del '16, *Il Signore della nave*: un testo che ben si prestava, per potenzialità scenografiche, a una eccezionale messinscena, quale in realtà ebbe.

Ma l'interesse dominante in Pirandello regista è la recitazione: «calarsi» nel personaggio è la parola d'ordine per i suoi attori, su suggerimenti riconducibili al Théâtre libre di Antoine, col suo principio di «obbedienza» naturalistica dell'attore, e alla scuola di regia russa, all'insegnamento di Stanislavskij che puntava sulla «identificazione» col personaggio.

Il programma della Compagnia comprende: *Gli dei della montagna* di Lord Dunsany, *Il pellegrino* di Charles Vildrac, *Il calzolaio di Messina* di Alessandro De Stefani, *La storia del soldato* musicata da Stravinskij su libretto di Ramuz, *Nostra Dea* di Massimo Bontempelli, *Paulette* di Eugenio Giovannetti, *Ciò che più importa* di Nikolaj Evreinov, autore, quest'ultimo, che molto interessò Pirandello per le sue teorie sulla teatralizzazione della vita.

Per *Nostra Dea*, Pirandello scrittura Marta Abba, giovane attrice che aveva appena dato buona prova di sé a Milano con Talli in *Il gabbiano* di Čechov. L'incontro è felice: divenuta prima donna della Compagnia, Marta Abba sarà anche, d'ora in poi, l'ispiratrice del teatro pirandelliano. In giugno la Compagnia (che conta, fra gli altri, Ruggero Ruggeri e Lamberto Picasso) inizia le tournée all'estero: prima tappa Londra, poi in luglio Parigi e, fra ottobre e novembre, varie città della Germania. Continuano, intanto, nei teatri di tutto il mondo, rappresentazioni pirandelliane; a Parigi Marcel L'Herbier gira il film *Il fu Mattia Pascal*.

1926-1928

Di ritorno dalla Germania, i propositi di creare un teatro stabile di Stato sono ben presto frustrati da difficoltà economiche. La Compagnia, divenuta di giro, rimarrà in vita grazie anche alle sovvenzioni del suo capocomico. Nel 1926 mette in scena *La signora Morli, una e due* (col nuovo titolo *Due in una*), nel '27 presenta all'Eden di Milano la tragedia *Diana e la Tuda* – la cui prima mondiale, in tedesco, era stata data nel novembre '26 a Zurigo – e, in prima assoluta, all'Argentina di Roma, *L'amica delle mogli*, commedia tratta dall'omonima novella del 1894. Dopo una lunga tournée, nel '27, in Argentina e in Brasile, la Compagnia raccoglie l'ultimo successo con la prima, nel marzo '28, all'Argentina di Roma, del «mito» *La nuova colonia*; la stagione si prolunga stancamente per concludersi nell'agosto a Viareggio, con lo scioglimento del Teatro d'Arte. Nel frattempo altre Compagnie avevano rappresentato, nel '27, l'atto unico *Bellavita*, tratto da una novella del '14, *L'ombra del rimorso*, e nel '28 il poemetto drammatico *Scamandro* (risalente al 1898-99) e la pantomima *La salamandra*, scenario di Luigi Pirandello (probabilmente del '24), musica di Massimo Bontempelli.

Nel 1926 è uscito in volume da Bemporad l'ultimo suo romanzo, *Uno, nessuno e centomila*, avviato probabilmente già dal 1909, e apparso a puntate sulla «Fiera letteraria» tra il dicembre '25 e il giugno '26.

1929-1933

Nel marzo 1929 è nominato Accademico d'Italia. Dello stesso anno è il passaggio da Bemporad a Mondadori, che concluderà la pubblicazione delle raccolte *Maschere nude* e *Novelle per un anno*, e sarà il suo definitivo editore.

Nel novembre '29 si rappresenta a Torino *O di uno o di nessuno*, tratto dall'omonima novella del '15, e nel dicembre Marta Abba, con la sua Compagnia, mette in scena il secondo «mito», *Lazzaro*, la cui prima assoluta era stata, nel luglio, in inglese, a Huddersfield.

Nel febbraio 1930 ancora Marta Abba rappresenta *Come tu mi vuoi*, da cui la Metro Goldwyn Mayer trarrà un film con Greta Garbo ed Erich von Stroheim, che verrà girato a Hollywood nel 1932.

Nell'aprile del '30 una Compagnia appositamente costituita e diretta da Guido Salvini mette in scena a Torino *Questa sera si recita a soggetto*, la cui prima, in tedesco, era stata nel gennaio a Königsberg. La commedia, la cui esile trama deriva dalla novella *Leonora, addio!* del 1910, sarà riunita in volume nel '33 (uscendo una nuova raccolta Mondadori di *Maschere nude*) coi *Sei personaggi* e *Ciascuno a suo modo*, formando così la trilogia del «teatro nel teatro».

Altre prime degli anni Trenta sono l'atto unico *Sogno (ma forse no)*, rappresentato, nel settembre '31, a Lisbona in portoghese, in una serata in suo onore, e due commedie messe in scena da Marta Abba: *Trovarsi*

(1932) e *Quando si è qualcuno* (1933), la cui prima era tuttavia già stata a Buenos Aires in spagnolo.

Agli inizi del '31 si ha una ripresa della novellistica: in febbraio esce *Uno di più* su «La lettura» e, nel luglio su «Pegaso», *Soffio*. La collaborazione al «Corriere della Sera», interrotta nel '26 con la novella *Pubertà*, riprenderà dal '32 fino alla morte, segnando una nuova stagione novellistica sotto il segno del surreale.

1934-1936

Il 1934 è l'anno del premio Nobel per la letteratura, consegnatogli il 10 dicembre a Stoccolma dal re di Svezia. Al gennaio dello stesso anno risale la prima, in tedesco, di *La favola del figlio cambiato* (scritta nel '32), musicata da Malipiero: del marzo è la rappresentazione a Roma in versione italiana.

In occasione del Quarto convegno della Fondazione Volta sul «teatro drammatico», da lui presieduto nell'ottobre '34, mette in scena la dannunziana *Figlia di Iorio* all'Argentina di Roma, con Marta Abba e Ruggero Ruggeri.

Per il suo ultimo lavoro teatrale, *Non si sa come* – dato a Praga nel dicembre '34 in lingua ceca e poi, nel dicembre '35, all'Argentina di Roma da Ruggero Ruggeri –, si parla di freudismo pirandelliano. La commedia, che l'autore si affretta a sottrarre a tale paternità, risale del resto a una novella sì del '32, *Cinci*, ma anche ad altre due cronologicamente lontane, *Nel gorgo* ('13) e *La realtà del sogno* ('14). È così testimoniata la persistenza di un'introspezione psicologica (sulla scia, fra l'altro, degli studi di Alfred Binet) certo ora approfondita nella dimensione dell'inconscio, come dimostrano le prove, sia novellistiche sia teatrali, degli ultimi anni.

Nel 1936, alle ultime riprese, cui assiste a Cinecittà, di un nuovo adattamento cinematografico del *Fu Mattia Pascal*, per cui ha curato i dialoghi, si ammala di polmonite. Muore la mattina del 10 dicembre nella sua casa di via Antonio Bosio a Roma. Secondo le sue ultime volontà, è cremato e il funerale si svolge in totale povertà, senza accompagnamento alcuno. Lascia incompiuto l'ultimo dei «miti» teatrali, il mito dell'arte, *I giganti della montagna* che, l'anno successivo alla sua morte, sarà rappresentato a Firenze, al Giardino di Boboli, con la direzione di Renato Simoni.

Le sue ceneri sono ora tumulate sotto il pino della «Villa del Caos» ad Agrigento.

Bibliografia

Opere di Luigi Pirandello

Novelle per un anno, a cura di M. Costanzo, prefazione di C. Alvaro, 3 voll., I classici contemporanei italiani, Mondadori, Milano 1956-1957.

Novelle per un anno, a cura di M. Costanzo, premesse di G. Macchia, 3 voll. (6 tomi), I Meridiani, Mondadori, Milano 1986-1990.

Tutti i romanzi, a cura di G. Macchia, 2 voll., I classici contemporanei italiani, Mondadori, Milano 1957.

Tutti i romanzi, a cura di G. Macchia con la collaborazione di M. Costanzo, introduzione di G. Macchia, 2 voll., I Meridiani, Mondadori, Milano 1973.

Maschere nude, prefazione di S. d'Amico, 2 voll., I classici contemporanei italiani, Mondadori, Milano 1958.

Maschere nude, a cura di A. d'Amico, prefazione di G. Macchia, vol. I, I Meridiani, Mondadori, Milano 1986.

Maschere nude, a cura di A. d'Amico, vol. II, I Meridiani, Mondadori, Milano 1993.

Maschere nude, a cura di A. d'Amico con la collaborazione di A. Tinterri, vol. III, I Meridiani, Mondadori, Milano 2004.

Maschere nude, a cura di A. d'Amico con la collaborazione di A. Tinterri, vol. IV. *Opere teatrali in dialetto*, a cura di A. Varvaro, con un saggio introduttivo di A. Camilleri, I Meridiani, Mondadori, Milano 2007.

Saggi, poesie, scritti varii, a cura di M. Lo Vecchio Musti, I classici contemporanei italiani, Mondadori, Milano 1960 (seconda edizione accresciuta, 1965).

Saggi e interventi, a cura e con un saggio introduttivo di F. Taviani e una testimonianza di Andrea Pirandello, I Meridiani, Mondadori, Milano 2006.

Taccuino segreto, a cura di A. Andreoli, Mondadori, Milano 1997.

Epistolari

Carteggio inedito (Pirandello-Martoglio), commento e note di S. Zappulla Muscarà, Pan, Milano 1979.

Carteggi inediti con Ojetti-Albertini-Orvieto-Novaro-De Gubernatis-De Filippo, a cura di S. Zappulla Muscarà, Bulzoni, Roma 1980.

Lettere da Bonn (1889-1891), introduzione e note di E. Providenti, Bulzoni, Roma 1984.

Epistolario familiare giovanile (1886-1898), a cura di E. Providenti, Le Monnier, Firenze 1986.

Lettere a Marta Abba, a cura di B. Ortolani, I Meridiani, Mondadori, Milano 1995.

Lettere della formazione 1891-1898. Con un'appendice di lettere sparse 1899-1919, a cura di E. Providenti, Bulzoni, Roma 1996.

Lettere a Lietta, trascritte da M.L. Aguirre d'Amico, postfazione di V. Consolo, Mondadori, Milano 1999.

Nel tempo della lontananza (1919-1936) (Luigi e Stefano Pirandello), a cura di S. Zappulla Muscarà, La Cantinella, Catania 2005.

Studi su Pirandello

BIBLIOGRAFIE

M. Lo Vecchio Musti, *Bibliografia di Pirandello*, Mondadori, Milano 1937.

A. Barbina, *Bibliografia della critica pirandelliana, 1889-1961*, Le Monnier, Firenze 1967.

S. Blazina, *Rassegna di studi pirandelliani: i romanzi (1961-1983)*, in «Lettere italiane», XXXVI, 1984.

C. Donati, *Bibliografia della critica pirandelliana 1962-1981*, La Ginestra, Firenze 1986.

BIOGRAFIE

G. Giudice, *Luigi Pirandello*, UTET, Torino 1963.

E. Lauretta, *Luigi Pirandello. Storia di un personaggio «fuori di chiave»*, Mursia, Milano 1980.

F. Vittore Nardelli, *Pirandello. L'uomo segreto* [1932], a cura e con una prefazione di M. Abba, Bompiani, Milano 1986.

M.L. Aguirre d'Amico, in *Album Pirandello*, Mondadori, Milano 1992.

STUDI DI CARATTERE GENERALE

M. Bontempelli, *Tre discorsi: Pirandello, Leopardi, D'Annunzio*, Bompiani, Milano 1938.

G. Debenedetti, *Saggi critici*, Edizioni del secolo, Roma 1945 (poi Mondadori, Milano 1982).

A. Di Pietro, *Luigi Pirandello*, Vita e Pensiero, Milano 1950.

L. Sciascia, *Pirandello e il pirandellismo*, Sciascia, Caltanissetta 1953.

C. Salinari, *Miti e coscienza del decadentismo italiano*, Feltrinelli, Milano 1960.

L. Sciascia, *Pirandello e la Sicilia*, Sciascia, Caltanissetta-Roma 1961.

A. Leone de Castris, *Storia di Pirandello*, Laterza, Bari 1962.

G. Giudice, *Pirandello*, UTET, Torino 1963.

R. Barilli, *La barriera del naturalismo*, Mursia, Milano 1964.

B. Terracini, *Analisi stilistica. Teoria, storia, problemi*, Feltrinelli, Milano 1966.

AA.VV., «Europe», juin 1967 (numero speciale dedicato a Pirandello).

AA.VV., «Revue des Études Italiennes», I, 1968 (numero dedicato a Pirandello).

AA.VV., «Lettres Modernes», 1968 (numero dedicato a Pirandello).

G. Genot, *Pirandello*, Seghers, Paris 1970.

L. Lugnani, *Pirandello. Letteratura e teatro*, La Nuova Italia, Firenze 1970.

L. Sciascia, *La corda pazza. Scrittori e cose della Sicilia*, Einaudi, Torino 1970.

C. Vicentini, *L'estetica di Pirandello*, Mursia, Milano 1970.

F. Angelini, *Il punto su Pirandello*, Laterza, Bari 1972.

R. Barilli, *La linea Svevo-Pirandello*, Mursia, Milano 1972.

J.-M. Gardair, *Pirandello, fantasmes et logique du double*, Larousse, Paris 1972.

A. Leone de Castris, *Del rigore di Pirandello*, in *Il decadentismo italiano*, De Donato, Bari 1974 (poi Laterza, Roma-Bari 1991).

S. Monti, *Pirandello*, Palumbo, Palermo 1974.

G.P. Biasin, *Malattie letterarie*, Bompiani, Milano 1976.

S. Costa, *Luigi Pirandello*, La Nuova Italia, Firenze 1978.

A. Barbina, *La biblioteca di Luigi Pirandello*, Bulzoni, Roma 1980.

G. Macchia, *Pirandello o la stanza della tortura*, Mondadori, Milano 1981.

AA.VV., *Pirandello saggista*, a cura di P.D. Giovannelli, Palumbo, Palermo 1982.

N. Borsellino, *Ritratto di Pirandello*, Laterza, Bari 1983.

E. Gioanola, *Pirandello, la follia*, Il melangolo, Genova 1983.

S. Zappulla Muscarà, *Pirandello in guanti gialli*, Sciascia, Caltanissetta Roma 1983.

AA.VV., *Pirandello siciliano ed europeo*, «Le forme e la storia», CUECM, Catania 1984.

AA.VV., *Pirandello e la cultura del suo tempo*, a cura di S. Milioto e E. Scrivano, Mursia, Milano 1984.

R. Barilli, *Pirandello. Una rivoluzione culturale*, Mursia, Milano 1986.

G. Cappello, *Quando Pirandello cambia titolo: occasionalità o strategia?*, Mursia, Milano 1986.

G. Guglielmi, *La prosa italiana del Novecento*, Einaudi, Torino 1986.

L. Lugnani, *L'infanzia felice e altri saggi su Pirandello*, Liguori, Napoli 1986.

L. Sedita, *La maschera del nome. Tre saggi di onomastica pirandelliana*, Istituto della Enciclopedia Italiana, Roma 1988.

U. Artioli, *L'officina segreta di Pirandello*, Laterza, Roma-Bari 1989.

AA.VV., *La "persona" nell'opera di Luigi Pirandello*, Atti del XIII Convegno internazionale, Agrigento 6-10 dicembre 1989, Mursia, Milano 1990.

E. Providenti, *Archeologie pirandelliane*, Maimone, Catania 1990.

L. Martinelli, *Lo specchio magico. Immagini del femminile in Luigi Pirandello*, Dedalo, Bari 1992.

F. Angelini, *Il punto su Pirandello*, Laterza, Roma-Bari 1992.

G. Querci, *Pirandello: l'inconsistenza dell'oggetto*, Laterza, Roma-Bari 1992.

M.A. Grignani, *Retoriche pirandelliane*, Liguori, Napoli 1993.

AA.VV., *Pirandello e la lingua*, a cura di E. Lauretta, Mursia, Milano 1994.

M. Cantelmo, *L'abito, il corpo, la carta del cielo. Saggi su Pirandello*, Manni, Lecce 1996.

R. Alonge, *Luigi Pirandello*, Laterza, Roma-Bari 1997.

U. Artioli, *Pirandello allegorico. I fantasmi dell'immaginario cristiano*, Laterza, Roma-Bari 2001.

I. Pupo, *Un frutto bacato. Studi sull'ultimo Pirandello*, Bulzoni, Roma 2002.

A. Sichera, *Ecce homo! Nomi, cifre e figure di Pirandello*, Olschki, Firenze 2005.

STUDI SU PIRANDELLO ROMANZIERE

A. Di Pietro, *Luigi Pirandello*, Vita e Pensiero, Milano 1950.

G. Debenedetti, *Il romanzo italiano*, Garzanti, Milano 1971.

R. Alonge, *Pirandello tra realismo e mistificazione*, Guida, Napoli 1972 (rist. Bonanno, Catania 2009, premessa di F. Gioviale).

AA.VV., *Il «romanzo» di Pirandello*, a cura di E. Lauretta, Palumbo, Palermo 1976.

R. Dombroski, *La totalità dell'artificio. Ideologia e forme nel romanzo di Pirandello*, Liviana, Padova 1978.

E. Villa, *Dinamica narrativa di Luigi Pirandello*, Liviana, Padova 1978.

AA.VV., *Il romanzo di Pirandello e Svevo*, introduzione di E. Lauretta, Vallecchi, Firenze 1984.

F. Gioviale, *La poetica narrativa di Pirandello. Tipologia e aspetti del romanzo*, Patron, Bologna 1984.

M. Guglielminetti, *Il romanzo del Novecento italiano. Strutture e sintassi*, Editori Riuniti, Roma 1986.

G. Mazzacurati, *Pirandello nel romanzo europeo*, il Mulino, Bologna 1987.

G. Petronio, *Pirandello romanziere anni Novanta*, in *Restauri letterari da Verga a Pirandello*, Laterza, Roma-Bari 1990.

V. Spinazzola, *Il romanzo antistorico*, Editori Riuniti, Roma 1990.

AA.VV., *Pirandello e le Avanguardie*, a cura di E. Lauretta, Edizioni del Centro nazionale di studi pirandelliani, Agrigento 1999.

AA.VV., *Pirandello e l'Europa*, a cura di E. Lauretta, Manni, Lecce 2001.

G. Baldi, *Pirandello e il romanzo*, Liguori, Napoli 2006.

AA.VV., *Pirandello e l'identità europea*, a cura di F. De Michele e M. Rössner, Metauro, Pesaro 2007.

STUDI SU «IL TURNO»

L. Sciascia, introduzione a L. Pirandello, *Il turno*, Einaudi, Torino 1978.

N. Tedesco, *La tela lacerata*, Sellerio, Palermo 1983 (pp. 32-43: è il testo dell'intervento a un convegno di studi pirandelliani del 1976).

L. Sedita, introduzione a L. Pirandello, *Il turno*, Giunti, Firenze 1994.

P. Casella, *Strumenti di filologia pirandelliana: complemento all'edizione critica delle Novelle per un anno: saggi e bibliografia della critica*, Longo, Ravenna 1997.

M. Ganeri, *Pirandello romanziere*, Rubettino, Soveria Mannelli 2001.

Il turno

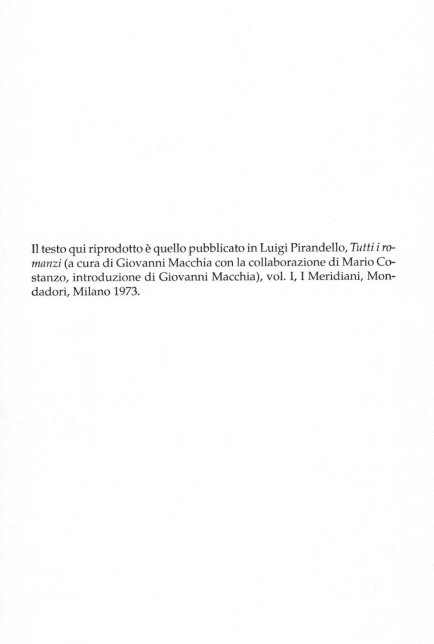

Il testo qui riprodotto è quello pubblicato in Luigi Pirandello, *Tutti i romanzi* (a cura di Giovanni Macchia con la collaborazione di Mario Costanzo, introduzione di Giovanni Macchia), vol. I, I Meridiani, Mondadori, Milano 1973.

I

Giovane d'oro, sì sì, giovane d'oro, Pepè Alletto! – il Ravì si sarebbe guardato bene dal negarlo; ma, quanto a concedergli la mano di Stellina, no via: non voleva se ne parlasse neanche per ischerzo.

– Ragioniamo!

Gli sarebbe piaciuto maritar la figlia col consenso popolare, come diceva; e andava in giro per la città, fermando amici e conoscenti per averne un parere. Tutti però, sentendo il nome del marito che intendeva dare alla figliuola, strabiliavano, strasecolavano:

– Don Diego Alcozèr?

Il Ravì frenava a stento un moto di stizza, si provava a sorridere e ripeteva, protendendo le mani:

– Aspettate... Ragioniamo!

Ma che ragionare! Alcuni finanche gli domandavano se lo dicesse proprio sul serio:

– Don Diego Alcozèr?

E sbruffavano[1] una risata.

Da costoro il Ravì si allontanava indignato, dicendo:

– Scusate tanto, credevo che foste persone ragionevoli.

Perché lui, veramente, ci ragionava su quel partito, ci ragionava con la più profonda convinzione che fosse una fortuna per la figliuola. E s'era intestato di persuaderne anche gli altri, quelli almeno che gli permettevano di sfogare l'esasperazione crescente di giorno in giorno.

– Avete voluto la libertà, santo Dio! il re che regna e non governa, la leva per tutti, un esercito formidabile, ponti e strade, ferrovie, telegrafo, illuminazione:[2] cose belle, bellissime, che piacciono anche a me: ma si pagano, signori miei! E le conseguenze quali sono? Due, nel caso mio. Numero uno: ho lavorato come un *arcibue*,[3] tutta la vita, onestamente per mia disgrazia e non son riuscito a mettere da parte tanto da poter per ora maritare la figlia secondo il suo piacere, che sarebbe anche il mio. Numero due: giovanotti, non ce n'è: intendo dire di quelli che a un padre previdente possano assicurare, sposando, il benessere della figliuola: prima che si facciano una posizione, Dio sa quel che ci vuole; quando se la son fatta, pretendono la dote e fanno bene; senza posizione, in coscienza, quale padre affiderebbe loro la figlia? Dunque? Dunque bisogna sposare un vecchio, vi dico, se il vecchio è ricco. Di giovani poi, volendo, alla morte del vecchio, ce n'è quanti se ne vuole.

Che c'era da ridere? Parlava da senno, lui! Perché:

– Ragioniamo...

Se don Diego Alcozèr avesse avuto cinquanta o sessant'anni no: dieci, quindici anni di sacrifizio sarebbero stati troppi per la figliuola; ed egli non avrebbe mai accettato quel partito. Ma ne aveva, a buon conto, settantadue, don Diego! E non c'era dunque da temer pericoli di nessuna sorta. Più che matrimonio, in fondo, sarebbe quasi una pura e semplice adozione. Stellina entrerebbe come una figliuola in casa di don Diego: né più né meno. Invece di stare in casa del padre, starebbe in quell'altra casa, con più comodi, da padrona assoluta: casa d'un galantuomo alla fin fine: nessuno osava metterlo in dubbio, questo. Dunque, che sacrifizio? Aspettare qua o là. Con questa differenza, che aspettare qua, in casa del padre, sarebbe tempo perduto, non potendo egli far nulla per la figliuola; mentre, aspettando là, tre, quattr'anni...

– Mi spiego? – domandava a questo punto il Ravì, abbagliato lui stesso dalle sue ragioni e sempre più convinto.

Don Diego Alcozèr aveva già preso quattro mogli? E che per questo? Tanto meglio, anzi! Stellina non sarebbe così sciocca da farsi (e squadrava le corna)[4] sotterrare dal vecchio, come le altre quattro: col tempo e con la mano di Dio avrebbe lei, invece, composto in pace il corpo del marito benefattore, e allora, ecco, allora sì il giovanotto! Bella, ricca, allevata come una principessina, sarebbe stata un vero panin di zucchero; e i giovanotti, così, a sciame, come le mosche, attorno a lei.

Gli pareva impossibile che la gente non si capacitasse di questo suo ragionamento: era caparbietà, cocciutaggine, arrestarsi a considerar soltanto il sacrifizio momentaneo di quelle nozze col vecchio. Come se oltre quello scoglio, oltre quella secca, non ci fosse il mare libero e la buona ventura! Lì, lì, bisognava guardare!

Se egli fosse stato ricco, se avesse potuto far da sé la felicità della figliuola – bella forza! si sa, non l'avrebbe data in moglie a quel vecchiaccio. Stellina certo, per il momento, non poteva apprezzare la fortuna che egli le procacciava: questo era naturale e in certo qual modo scusabile! Di lì a pochi anni però – ne era sicuro – ella lo avrebbe lodato, ringraziato e benedetto. Non sperava, né desiderava nulla per sé, da quel matrimonio; lo voleva unicamente per lei, e stimava dover suo di padre, dover suo di vecchio provato e sperimentato nel mondo, tener duro e costringere la figliuola inesperta a ubbidire. Lo amareggiava invece profondamente la disapprovazione di uomini d'esperienza come lui.

– In nome del Padre, del Figliuolo e dello Spirito Santo, – si lamentava intanto, in casa, la moglie del Ravì, la si-donna Rosa,[5] accennando il segno della croce con un gesto che le era abituale e che ripeteva ogni qual volta si sentiva infastidita e urtata nella gravezza della sua gialla carne inerte: – Lasciatelo fare. Ciò che fa Marcantonio, per me, è ben fatto, – diceva ai parenti che sottovoce le facevan notare la mostruosità di quel progetto di nozze.

– Peccato mortale, si-donna Rosa! – s'affannava a ripeterle Carmela Mèndola, portavoce del vicinato, parlando quasi con la strozza,[6] per non gridare, e dandosi pugni rintronanti sul petto ossuto: – Se lo lasci dire, in coscienza: peccato mortale, che grida vendetta davanti a Dio!

E, tutta scalmanata, si scioglieva e si rannodava sotto il mento le cocche del gran fazzoletto rosso di lana che teneva in capo. La si-donna Rosa stringeva le labbra, sporgeva il mento, chiudeva gli occhi e soffiava per il naso un lungo sospiro.

II

Don Diego Alcozèr già si faceva vedere per la città in compagnia del futuro suocero.

Marcantonio Ravì, bonaccione, grasso e grosso, col volto sanguigno tutto raso e un palmo di giogaja[7] sotto il mento, con le gambe che parevan tozze sotto il pancione e che nel camminare andavano in qua e in là faticosamente, sembrava fatto apposta per compensar don Diego fino fino, piccoletto, che gli arrancava accanto con lesti brevi passetti da pernice, tenendo il cappello in mano o sul pomo del bastoncino, come se si compiacesse di mostrar quell'unica e sola ciocca di capelli, ben cresciuta e bagnata in un'acqua d'incerta tinta (quasi color di rosa), la quale, rigirata, distribuita chi sa con quanto studio, gli nascondeva il cranio alla meglio.

Niente baffi, don Diego, e neppur ciglia: nessun pelo; gli occhietti calvi scialbi acquosi. Gli abiti suoi più recenti contavano per lo meno vent'anni; non per avarizia del padrone, ma perché, ben guardati sempre dalle grinze e dalla polvere, non si sciupavano mai, parevano anzi incignati[8] allora allora.

Così, ahimè, s'era ridotto uno dei più irresistibili conquistatori di dame in crinolino[9] del tempo di Ferdinando II re delle Due Sicilie:[10] cavaliere compitissimo, spadaccino, ballerino. Né i suoi meriti si restringevano solo qui, nel campo, com'egli diceva, di Venere e di Marte: don Diego parlava il latino speditamente, sapeva a memoria Catullo e la maggior parte delle odi di Orazio:

Tu ne quaesieris, scire nefas, quem mihi, quem tibi finem dî dederint...[11]

Ah, Orazio; da lui, suo prediletto poeta, don Diego aveva desunto le norme epicuree. Aveva goduto tutta la vita e voleva fino all'ultimo godere; odiava perciò la solitudine, nella quale si sentiva spesso turbato da paurosi fantasmi, e amava la gioventù, di cui cercava la compagnia, sopportandone filosoficamente gli scherzi e le beffe.

Ecco: batteva il pomo d'argento del bastoncino d'ebano sul tavolinetto innanzi al Caffè del *Falcone*, mentre il Ravì si lasciava cader su la seggiola che scricchiolava, e sbuffando e buttandosi su la nuca il cappellaccio a larghe tese, si asciugava il sudore dalla faccia paonazza.

– A me, al solito, – diceva l'Alcozèr al cameriere, – un'orzata.

E accompagnava la ordinazione con una risatina fredda, superflua, accennando di stropicciarsi le manine gracili e tremule: – Eh eh...

Seduti al Caffè, ripigliavano il discorso del matrimonio, interrotto di tanto in tanto dai saluti che don Marcantonio distribuiva a voce alta e con larghi gesti a gl'innumerevoli suoi conoscenti:

– Baciamo le mani! La grazia vostra! Servo umilissimo!

Don Diego non era ancora potuto entrare in casa della promessa sposa. Stellina minacciava di graffiargli la faccia, di cavargli tutti e due gli occhi, se egli si fosse arrischiato di presentarsi a lei. Il Ravì, s'intende, non parlava a don Diego di queste minacce della figliuola; diceva soltanto che bisognava avere un po' di pazienza, perché le ragazze, oh Dio, si sa...

– Bene bene; quando dici tu, o meglio, quando Stellina permetterà... *intra paucos dies*, spero, *cupio quidem*,[12] – rispondeva don Diego, tranquillo e sorridente. – Intanto, guarda, per oggi le porterai questo qui.

E traeva dalla tasca un astuccetto di velluto.

Oggi un braccialetto, jeri un orologino con la catenina d'oro e di perle, e prima un anellino con perle e brillanti e una spilla di smeraldi o un pajo di orecchini... L'Alcozèr non spendeva nulla; non per avarizia: aveva tante gioje delle defunte mogli: che doveva farsene? Le mandava alla nuova fidanzata, ripulite dall'orefice, chiuse in astuccetti nuovi.

Marcantonio Ravì profondeva lodi, esclamazioni ammirative, ringraziamenti.

– Ma voi così, don Diego mio, ci confondete..

– Non ti confondere, asino! Ho esperienza del mondo e so che i regali ci vogliono.

Don Marcantonio si cacciava in tasca il dono e sbuffava dalla stizza per la caparbia ostinazione della figliuola, che, pur di non cedere, si contentava di star chiusa in una camera, assediata, rifiutando anche il cibo.

La madre stava di guardia presso l'uscio di quella camera, come una sentinella. Venivano i parenti, la Mèndola o qualche altra vicina a tentare ancora di metterla sù contro il marito, ma ella tornava col solito gesto ad accennare il segno della croce.

– In nome del Padre, del Figliuolo e dello Spirito Santo! Non mi mettete altra legna sul fuoco: me ne manca forse, donna Carmela mia? Vedete in quale inferno mi trovo?

– Zia[13] Carmela! – chiamava Stellina, dietro l'uscio.

– Figlia mia bella, che vuoi?

– Dica a sua figlia Tina che si affacci alla finestra: voglio farle vedere una cosa.

– Sì, cuore mio bello! Or ora glielo dico. Coraggio, cuore mio! Pigliati quest'involtino: te lo faccio passare di sotto l'uscio. Mangia, che ti piacerà.

– Tante grazie, zia Carmela!

– Niente, figliuola cara. E tieni duro, tieni duro! non ci vuol altro...

La si-donna Rosa lasciava dire e lasciava fare. E ogni giorno, appena il marito rincasava, gli rivolgeva la solita domanda:

– Debbo? – E con la mano faceva il gesto di mandar la chiave per aprire l'uscio.

– No! – le gridava egli. – Stia lì, lì, brutta ingrata! cuor di macigno! Come se non lo facessi per lei, per il suo bene! Tieni: un altro regalo, un braccialetto... faglielo vedere!

La si-donna Rosa si alzava, chiudeva gli occhi, sospirava e, con l'astuccetto in mano, entrava nella camera della figliuola.

Stellina se ne stava presso il letto, accoccolata per terra, sul tappetino, come una cagnetta ringhiosa. Strappava di mano alla madre il regalo e lo scaraventava a terra.

– Grazie tante, non lo voglio!

La madre allora perdeva la pazienza anche lei.

– Sedici onze di braccialetto, asinaccia! Non sei neanche degna di guardarla tanta grazia di Dio!

Stellina, appena uscita la madre, stropicciava il gomito del braccio sinistro sulla palma della mano destra e diceva a denti stretti:

– Rodetevi! Rodetevi!

Poi si ricomponeva la veste su le gambe, si alzava da sedere, gironzava un po' per la camera e, finalmente, eccola lì, presso il cassettone a guardar sottecchi il regalo raccattato dalla madre. La curiosità era più forte della repulsione per il vecchio donatore.

Si guardava nello specchietto a bilico, si rialzava i capelli dietro la nuca e sorrideva alla propria immagine: il visetto fresco e leggiadro apriva in quello specchio due occhi azzurri limpidi e gaj. Con quel sorriso, pareva susurrasse a se stessa: «Birichina!». E le veniva la tentazione di aprire quegli astucci, di provarsi... via, almeno gli orecchini... per un minuto, gli orecchini.

– No, questo è l'anello... M'andrà certo troppo largo... No, preciso! oh guarda... par fatto apposta per il mio dito...

E si ammirava la manina bianca inanellata, avvicinandola, allontanandola, piegandola or di qua or di là. E poi gli orecchi con gli orecchini, e poi i polsi coi braccialetti, e poi sul seno la lunga catena d'oro dell'orologino; e, così parata, andava a farsi un profondo inchino allo specchio dell'armadio:

– A rivederla, signora Alcozèr!

E una gran risata.

III

– Ecco... va bene: io non ho fretta, Marcantonio mio, – diceva, il giorno dopo, don Diego al Ravì, nel Caffè del *Falcone·* – Però, ecco... non per me, ma per il vicinato: sotto le finestre di casa tua (tu forse hai il sonno greve e non senti), quasi ogni notte si fanno serenate: chitarre e mandolini, eh eh... Lo so: giovanotti allegri... Che bellezza, la gioventù! Sai chi sono? I fratelli Salvo coi cugini Garofalo e Pepè Alletto: chitarre e mandolini.

– Vi giuro, don Diego mio, che non ne so nulla, parola di ga-

lantuomo! Dite davvero? Serenate? Lasciate fare a me. Or ora
vi fo vedere io, se...
- Dove vai?
- In cerca di codesti signorini che mi avete nominati.
- Sei matto? Siedi qua! Vuoi compromettermi?
- Voi non c'entrate!
- Come non c'entro, asino? Ci guastiamo, bada. Senza tan-
te furie. Soglio far le cose con calma, io. Son giovanotti, e can-
tano: gioventù vuol dire allegria... Sa cantare anche Stellina,
m'hai detto? Bene; il canto mi piace. Dicevo soltanto per il vi-
cinato che sta a sentire ogni notte, e... capirai, le male lingue...
Tu dovresti consigliare a codesti giovanotti un po' di pazienza, mi spiego? perché hai la *puella*[14] già sposa. Ma con buona
maniera, con calma.
- Lasciate fare a me.
- Senza compromettermi, oh!
La sera di quello stesso giorno, Marcantonio Ravì, imbatten-
dosi per via in Pepè Alletto, se lo chiamò in disparte e gli disse:
- Caro don Pepè, vi prego con buona maniera di lasciare in
pace mia figlia; se no, faccio come quel tale; lo vedete questo
bastone? Ve lo rompo in resta la prima volta che vi vedo ripas-
sare col naso in aria sotto le finestre di casa mia.
Pepè Alletto lo guardò prima stordito, come se non avesse
compreso; poi si tirò un passo indietro:
- Ah sì? E se io vi dicessi...
- Che siete cognato di Ciro Coppa, bau bau? - compì la frase il Ravì.
- No! - negò, acceso di sdegno, il giovanotto. - Se vi dicessi che a me *personalmente* bastoni su la testa non ne ha mai rot-
ti nessuno?
Il Ravì si mise a ridere.
- O non lo vedete che scherzo? Ditemi voi stesso, don Pepè
mio, in quali termini vi debbo pregare. Che volete da mia figlia?
Se non siamo bestie, proviamoci a ragionare. Voi siete nobile,
ma siete scarso, caro don Pepè. Anch'io sono un pover'uomo
abbruciato di danari. Povertà non è vergogna. Sapete che vi voglio bene: venite qua, ragioniamo.

Gli passò una mano sotto il braccio e si avviò con lui, seguitando:

– Quanto a ballare, lo so, ballate come se non aveste fatto mai altro in vita vostra. Anche con gli speroni ai piedi, m'hanno detto. E sonare, sonate il pianoforte come un angelo... Ma, caro mio don Pepè, qui non si tratta di ballare, mi spiego? Ballare è un conto; mangiare, un altro. Senza mangiare, non si balla e non si suona. Debbo aprirvi gli occhi proprio io? Lasciatemi combinare in pace questo benedetto matrimonio, e ajutatemi anzi, diàscane![15] Il vecchio è ricco, ha settantadue anni e ha preso quattro mogli.. Gli diamo ancora tre anni di vita? L'avvenire poi è nelle mani di Dio. Dite un po': quale può essere l'ambizione d'un onesto padre di famiglia? La felicità della propria figliuola, ne convenite? Oh: chi è scarso è schiavo:[16] schiavitù e felicità possono andar d'accordo? No. Ergo,[17] prima base: denari. La libertà sta di casa con la ricchezza; e quando Stellina sarà ricca, non sarà poi libera di fare ciò che le parrà e piacerà? Dunque... che dicevamo? Ah, don Diego... Ricco, don Pepè mio! Ricchezze ne ha tante, che potrebbe lastricare di pezzi di dodici tarì[18] tutta Girgenti,[19] beato lui! Don Pepè, accettatemi qualcosina qua al Caffè...

L'Alletto pareva caduto dalle nuvole: non sapendo che pensare di quel discorso, guardava negli occhi il Ravì sorridendo.

Per dir la verità non aveva mai aspirato seriamente alla mano di Stellina; né questa, per altro, aveva mai dato motivo a lui di farsi qualche illusione, più che non ne avesse dato a tant'altri giovanotti che le gironzavano attorno. La ragazza, sì, gli piaceva; ma sapeva pur troppo di non essere in condizione di prender moglie, e neanche ci pensava. Viveva con la madre settantenne, che, nella sua ingenua amorevolezza, si ostinava a trattarlo ancora come quand'aveva dieci anni. Povera santa vecchina! Bisognava aver pazienza con lei; anche per compensarla di tutto quello che le era toccato di soffrire col padre, il quale in pochi anni aveva dato fondo a tutto il patrimonio; e n'era poi morto di crepacuore. Dalla rovina si era soltanto salvata, per miracolo, la vecchia casa, in cui abitava con la madre.

Donna Bettina, nobile di nascita, non voleva assolutamente permettere che egli, Pepè, entrasse in qualche impiego, che forse il cognato, Ciro Coppa, con le sue aderenze avrebbe potuto procurargli. Ma di questo, Pepè, in fondo, non s'affliggeva molto. Lavorare non era il suo forte. Ogni mattina tre ore, per lo meno, davanti allo specchio: abitudine! Che poteva farci? Il bagno, le unghie lunghe da coltivare, poi pettinarsi, raffilarsi la barba, spazzolarsi. E quando alla fine, sul far della sera, usciva di casa, pareva un milordino. La vecchia casa, al Ràbato,[20] cu stodiva intanto gelosamente il segreto miserevole dei sacrifizii ostinati e delle più dure privazioni.

Ah, se invece di nascere in quella triste cittaduzza moribonda, fosse nato o cresciuto in una città viva, più grande, chi sa! chi sa! la passione che aveva per la musica gli avrebbe forse aperto un avvenire. Una forza ignota nell'anima se la sentiva: la forza che lo tirava in certi momenti alla vecchia spinetta scordata della madre e gli moveva le dita su la tastiera a improvvisare a orecchio minuetti e rondò. Certe sere, mentre contemplava dal viale solitario, all'uscita del paese, il grandioso spettacolo della campagna sottostante e del mare là in fondo rischiarato dalla luna, si sentiva preso da certi sogni, angosciato da certe malinconie. In quella campagna, una città scomparsa, Agrigento, città fastosa, ricca di marmi, splendida, e molle d'ozii sapienti. Ora vi crescevano gli alberi, intorno ai due tempii antichi, soli superstiti; e il loro fruscìo misterioso si fondeva col borbogliare continuo del mare in distanza e con un tremolìo sonoro incessante, che pareva derivasse dal lume blando della luna nella quiete abbandonata, ed era il canto dei grilli, in mezzo al quale sonava di tanto in tanto il *chiù* lamentoso, remoto, d'un assiolo.[21]

Ma di questi suoi strani momenti Pepè si vergognava, quasi, con se stesso, temendo che i suoi amici se n'accorgessero. Che baja, allora! No, via; neanche a pensarci: lì, nella vita gretta, meschina, monotona, di tutti i giorni, lì era la realtà, a cui bisognava adattarsi.

Che gli diceva intanto il Ravì? che voleva da lui? Evidentemente quel buon uomo sospettava che tra lui e la figlia ci fosse qualche intesa, per la quale ella non volesse acconsentire al matrimonio con l'Alcozèr. Ebbene, perché non lasciarlo in quell'inganno? Promise d'usar prudenza e di farne usare agli amici Salvo e Garofalo, e n'ebbe in ricambio l invito alle prossime nozze, a nome anche dell'Alcozèr, che:

– Non è cattivo, in fondo, poveraccio! – concluse don Marcantonio. – Che volete farci? ha la manìa delle mogli: non può farne a meno. Ma questa, se Dio vuole, sarà l'ultima! Gli diamo, sì e no, tre anni di vita? Gliel'ho detto avanti: «Caro don Diego, siamo della vita e della morte; carte in regola!». E lui, bisogna dir la verità: subito! non m'ha nemmeno lasciato finire. Cosicché, mi spiego? su questo punto, siamo a cavallo. Non dico per me, dico per mia figlia, beninteso! Poi Stellina... ci penserà lei... Debolezze, don Pepè: dicono che don Diego riprende moglie perché, stando solo, ha paura degli spiriti... Già! Credo che di notte gli appaja la Morte con l'ali. E se lo porti via presto, don Pepè! Le darei una mano io per caricarselo meglio su le spalle... Ma già, non pesa venti chili... Ai vostri comandi, e baciamo le mani. Mosca però, don Pepè: mi raccomando.

IV

Circa due mesi dopo si celebrarono in casa Ravì le nozze tanto combattute.

Don Diego indossò per la quinta volta la lunga napoleona[22] memore di quattro sponsali; non per avarizia, ma perché veramente era ancor nuova, sebbene di taglio antico, custodita per tanti anni con la canfora e col pepe nella cassapanca di noce stretta e lunga come una bara. Giù per il cortile le grosse papere non lo riconobbero in quell'insolito arnese, e coi lunghi colli protesi lo inseguirono fino al portone strillando come indemoniate.

«Eh eh, le anime delle defunte mogli!» pensò don Diego, arricciando il naso; e, correndo, se le cacciava dietro con le mani. – Sciò! sciò!

Marcantonio Ravì aveva largheggiato molto negli inviti, volendo, almeno in apparenza, il consenso popolare. Nessuno gli levava dal capo che la disapprovazione di tutti gli amici e conoscenti non fosse per invidia della fortuna che toccava alla figlia. E aveva preparato un lauto trattamento a maggior dispet to degli invidiosi.

Don Diego fu molto complimentato. Ma non era vecchio per nulla, e accolse con la sua solita risatina fredda tutti quei complimenti.

Per Stellina, parata di bianco e di zagare, nella pompa della festa, la commiserazione sorgeva spontanea, di nascosto, dopo le congratulazioni che ciascuno degli invitati le porgeva per convenienza, ma senza troppa effusione, per timore non dovessero sfrenar in lei qualche scoppio di pianto.

Presto il Ravì cominciò a notare un certo impaccio nella sala. L'aspetto di Stellina raggelava la festa. Invano cercò di promuovere comunque un po' di brio, incitando ora questo ora quello. Di tutti i convitati solo a Pepè Alletto, venuto coi tre fratelli Salvo (Mauro, Totò e Gasparino), riuscì alla fine a comunicare un po' di fuoco.

– Don Pepè, spetta a voi! Mi raccomando.

Pepè sentì in questa raccomandazione la conferma di quel curioso discorso tenutogli tempo addietro. Sorrise, guardò la mesta sposina che gli parve più bella nello splendido candore dell'abito nuziale, e «Perché no?» disse tra sé. Si mise al pianoforte, sonò, cantò, poi spinse gli altri a ballare e finalmente riuscì a ravvivare il festino. Tutti gliene furono grati, e più di tutti don Marcantonio. Stordito nell'allegria da lui stesso promossa, egli ora guardava don Diego, il vecchio sposo, come per compassione; e gli altri, come per dire: «Compatitelo, poveretto; il vero sposo poi, qua, sarò io».

E nel chiudersi della festa, di cui fu l'anima, anzi l'eroe, tutti i convitati lo ammirarono tanto e tanto lo lodarono sia per il ballare, sia per come comandava le danze e come sonava il pianoforte, che a un certo punto, irresistibilmente, gli scappò detto:

– So anche il francese...

Se non che la tempesta, fin lì stornata, scoppiò a un tratto, inaspettatamente. Don Diego, per mostrarsi galante, volle porgere un bicchierino di rosolio[23] alla sposa. Poverino: fu una cattiva ispirazione: le mani gli tremavano, anche per l'emozione: e così gliene versò qualche gocciolina su la veste, poco poco... Se le donne che le sedevano accanto avessero fatto le viste di non accorgersene, Stellina avrebbe forse saputo contenersi ancora; ma quelle invece, no: tutte premurose le si chinarono attorno coi fazzoletti a pulire, e allora, Stellina, si sa, ruppe in singhiozzi, cadde in una violenta convulsione di nervi.

Tutti accorsero a lei. Si gridava:

– Largo! Largo! Slacciatela!

Due giovanotti la sollevarono su la seggiola e la portarono in un'altra stanza. Don Diego rimase avvilito, col bicchierino in mano, più tremante che mai: buttava il resto sul tappeto, adesso! Invano don Marcantonio si sbracciava a rimetter l'ordine, a tranquillar gl'invitati, ripetendo: – L'emozione, si sa! l'emozione! –. Nessuno gli dava retta, tutti erano addolorati della sorte della povera Stellina, i cui pianti e, più penose dei pianti, le risa convulse, giungevano attraverso gli usci chiusi.

Pepè Alletto, pallido, mortificato, s'era lasciato cadere su una seggiola e, con gli occhi socchiusi, si faceva vento col fazzoletto. Due lagrime, che non erano di vino, gli rigarono il volto fino ai baffi immelanconiti.

– Che hai, Pepè? – gli domandò Mauro Salvo, vedendolo in quell'atteggiamento.

Pepè levò il capo e, aprendo forzatamente le labbra a un sorriso vano, rispose con voce malferma:

– Niente... mi sento... non so...

– Hai bevuto?

– Mi ha fatto tanta pena, – disse Pepè, non degnando di rispondere a quella domanda volgare.

– Hai ragione, sì, – riprese l'amico. – Anche a me, ma andiamo intanto: t'accompagnerò a casa. Vedi? Già se ne vanno tutti...

Volle prenderlo sotto braccio; Pepè si ritrasse, risentito:

– Ma no, lasciami, grazie! mi reggo benissimo.

– L'emozione! Scusate tanto... Grazie dell'onore... L'emozione!... Buona sera, e grazie... Scusate... – diceva a questo e a quello il Ravì, distribuendo saluti, strette di mano e inchini nella saletta.

Gl'invitati andarono via in silenzio, giù per la scala, come tanti cani bastonati. Era già sonata la mezzanotte; i lampionaj avevano spento i fanali, e la via lunga, deserta, era a mala pena rischiarata dalla luna che pareva corresse dietro un leggero velario di nuvole.

– Chi sa che tragedia stanotte! – sospirò a voce un po' alta, appena fuori della porta, Luca Borrani, uno degli invitati.

Pepè Alletto, nel passargli accanto col Salvo, colse a volo la sconveniente allusione, e gli gridò sul muso:

– Porco!

Il Borrani, botta e risposta:

– Va' là, pulcinella! – E uno spintone.

L'Alletto alzò allora il bastone e giù, su la testa del Borrani; quindi, all'improvviso, uno schiaffo. Ne nacque un parapiglia, un trambusto indiavolato: braccia e bastoni per aria, schiamazzo, strilli di donne, lumi e gente a tutte le finestre delle case vicine, abbajar di cani, e tutte quelle nuvolette che correvano nel cielo.

– Che è stato? che è stato?

Giù per la via la folla agitata si allontanava confusamente, vociando. E la gente accorsa coi lumi alle finestre rimase a lungo incuriosita a spiare e a far supposizioni e commenti, finché la folla non si perdette nel bujo, in lontananza.

V

– Nossignore, bestia! T'insegno io come si fa in questi casi. Làsciati servire da me.

Ciro Coppa, tozzo, il petto e le spalle poderosi, enormi, per cui pareva anche più basso di statura, il collo taurino, il volto bruno e fiero, contornato da una corta barba riccia, folta e nerissima, la fronte resa ampia dalla calvizie incipiente, gli occhi grandi, neri, pieni di fuoco, passeggiava per il suo studio d'avvocato con una mano in tasca, nell'altra un frustino che batteva nervosamente su gli stivali da caccia. Le bocche di due grosse pistole apparivano luccicanti su le ànche, oltre la giacca.

Pepè Alletto era venuto da lui per consiglio. Aveva ricevuto la mattina stessa una lettera del Borrani. Questi non intendeva sfidarlo per l'insulto e lo schiaffo a tradimento della sera avanti, perché – diceva – alla cavalleria suol ricorrere chi ha paura, e lui non voleva nascondersi dietro le finte e le parate, tenendo per burla una sciabola in mano: lo metteva pertanto in guardia: lo avrebbe preso a calci, ovunque lo avesse incontrato, foss'anche in chiesa.

Pepè Alletto avrebbe voluto che il Coppa si recasse dal Borrani per fargli ritirare, con le buone o con le cattive, questa lettera. Non che avesse paura; non aveva paura di nessuno, lui: ma, ecco, a farla a pugni, come i ragazzacci di strada, si sa! per la sua complessione... così mingherlino... avrebbe avuto la peggio: di fronte a lui, il Borrani era un colosso. E poi, quando mai s'era inteso? calci, pugni, tra gentiluomini...

– Làsciati servire da me! – ribatté il Coppa, fermandosi in mezzo allo scrittojo e indicando col frustino al cognato la scrivania. – Lì c'è carta, penna e calamajo. Siedi e scrivi. Con una botta di penna[24] te lo riduco io a ragione.

– Debbo dunque rispondere? – arrischiò timidamente Pepè.

Ciro batté forte il frustino su la scrivania.

– Ti dico siedi e scrivi, babbeo! Ti detto io la risposta.

Pepè si alzò perplesso, come tenuto tra due, e andò a sedere sul seggiolone di cuojo davanti alla scrivania, su cui appoggiò i gomiti, prendendosi la testa tra le mani e sospirando. Poi disse:

– Scusa... permetti? Vorrei, ecco... vorrei farti notare che la...

– Che cosa?

– La mia posizione è alquanto... non saprei... delicata. Perché io, jersera, per dir la verità... per tante ragioni... forse, ecco... non ero bene in me. Non vorrei ora compromettere...

– Che compromettere! – esclamò il Coppa, spazientito. – L'insulto, l'hai raccolto? Sì: tanto è vero, che gli hai appoggiato uno schiaffo.

– E basta! – osservò Pepè. – Lui doveva sfidarmi: non l'ha fatto; dunque...

– Dunque lo farai tu! – concluse Ciro, aprendo le braccia.

– Io? E perché? – replicò, stupito, Pepè.

– Perché sei un cretino! perché non capisci nulla! – gli urlò il cognato. – Siedi e scrivi! Adesso vedrai.

Pepè alzò le spalle, imbalordito; poi domandò con aria desolata:

– Che debbo mettere in capo alla lettera?

– Niente, né sciò né passa là! – rispose Ciro rimettendosi a passeggiare, concentrato in sé, e stirandosi con due dita i peli della moschetta. – Comincia così: *La vostra lettera... – la vostra lettera... – è degna d'una persona* virgola... *– la vostra lettera è degna d'una persona... che star dovrebbe...* scrivi!... *coatta... co-at-ta,* tutt'una parola.

– Lo so!

– *... che star dovrebbe coatta nei bagni e nelle galere* virgola... *anziché... an...ziché,* con una sola c, *libera e sciolta... tra il consorzio della gente civile* punto ammirativo. Hai scritto?

– *Gente civile!* scritto.

– A capo. *Ma se voi siete... ma se voi siete un mascalzone* virgola... *io sono un gentiluomo* punto e virgola *e non mi lascerò... trascinare da voi ad altro scandalo* punto e seguitando. *E poiché ho avuto la disgrazia...* così! *la disgrazia di sporcarmi la mano sul vostro viso* virgola *spetta a me... spetta a me per riguardo alla mia persona e al mio nome...* hai scritto?... *di rialzarvi dal fango* virgola *in cui vorreste appiattarvi* punto e seguitando. *Vi uso perciò la generosità... ge-ne-ro-si-tà... d'inviarvi due miei rappresentanti... col più ampio mandato* virgola... *i quali vi restituiranno la sozza lettera* virgola... *che con vigliacco ardire m'avete spedita stamani.* Punto. Hai scritto? Adesso firmala: *G. nob. Alletto,* nient'altro. Hai firmato? Rileggimela.

Pepè rilesse la lettera, ingegnandosi di dare alle parole la sonora sprezzante espressione del cognato.

– Benissimo! – approvò questi. – Scritta come Dio comanda. Una busta, e scrivi l'indirizzo. Penserò io a fargliela recapitare insieme con la sua lettera. Non darti pensiero dei padrini: te li trovo subito io. Via i Salvo, via i Garofalo! buffoncelli, che non fanno al caso nostro. Tu va' sù da tua sorella Filomena che, poverina, da due giorni sta peggio del solito. Se il medico non me la guarisce subito, finirà che lo bastono. Basta. Io debbo recarmi al Tribunale; poi giù di corsa in campagna, a tirar gli orecchi a quel boja del gabellotto. Terre morte, perdio, che non ci si ripiglia il giogàtico...²⁵ Che hai? che corno²⁶ hai? Paura?... Mi guardi come uno stupido...

Pepè si scosse, sorpreso da quell'uscita improvvisa, e sbuffò, seccato:

– Nient'affatto! Paura?... La testa, Ciro! mi sento la testa... non so come, da jersera...

– Di' ch'eri ubriaco, figlio mio; ci farai miglior figura! – osservò Ciro con aria di sdegnosa commiserazione. – Va', va' sù da Filomena. Io torno stasera, diglielo. Tu intanto sta' sù ad aspettare i due amici. Occhio vivo, e senza paura!

Tolse da un cassetto della scrivania alcune carte e se n'andò, col cappello a cencio buttato su un orecchio e il frustino in mano, al Tribunale.

VI

Pepè trovò la sorella che si aggirava come un'ombra per le stanze quasi al bujo. Pareva già vecchia a trentaquattro anni: un male, che ancora i medici non riuscivano a precisare, la consumava da parecchi mesi; ma di questo ella non si lagnava, considerandolo come una lieve giunta ai tanti danni della sua vita. Non si lagnava veramente di nulla, neanche di non poter vedere la madre, già da anni in rottura mortale col genero. Avrebbe avuto tanta consolazione anche dalla sola vista di lei! Ma donna Bettina aveva giurato di non rimetter piede mai più in casa del Coppa; ed ella, per la gelosia feroce del marito, non che uscire di casa, non poteva neppure sporgere un po' il naso fuor della finestra. Non glien'importava più; non si crucciava più nemmeno in cuore della sorte tristissima che le era toccata, nascendo. L'amarezza d'una totale remissione le si leggeva ormai negli occhi silenziosi, costantemente assorti in una pena ignota, indefinita.

Filomè, come ti senti?

Ella alzò le spalle e aprì un po' le braccia, in risposta. Pepè sbuffò per il naso; poi riprese:

– Non si potrebbe aprire un tantino la finestra?

– No! – gridò subito Filomena. – Se, Dio liberi, venisse a saperlo!

– Non c'è, è andato al Tribunale; poi andrà in campagna; tornerà stasera...

– Pepè, per piacere, lascia star chiuso. Lo sa Dio quanto desidererei prendere una boccata d'aria. Ma ormai sono arrivata, Pepè; lo sento, ne ho poco di questa prigionia. Ringraziamo Dio in cielo e in terra!

– Non dire bestialità! – esclamò Pepè, commosso.

– Mi dispiace solo – riprese con la stessa voce stanca la sorella – per i figli miei, povere anime innocenti... Ma per me sarà la liberazione... e anche per lui, per Ciro. Non lo dico per male, bada! Voi Ciro non lo conoscete: ne vedete solo i difetti... questa sua gelosia feroce, per esempio... Ma mi vuol bene, sai, a suo modo: lo dimostra così! Non doveva prender moglie, ecco tutto: era nato per un'altra vita... che so! per far l'esploratore...

– Già – approvò Pepè, – tra le bestie feroci...

– No no, – corresse amorevolmente Filomena. – Voglio dire, per una vita di rischi, e libera... Tu lo vedi, è eccessivo in tutto, e in un piccolo paese, tra la meschinità della vita di tutti i giorni, con le sue esuberanze pare anche ridicolo talvolta... Tutti i torti vuole aggiustarli lui... E una povera donna come me, qui rinchiusa, deve vivere per forza in continua apprensione..

Pepè approvava col capo, e quella sua approvazione era insieme segno di compianto per la sorella; guardava nella penombra la ricca mobilia della stanza, e tra sé diceva: «T'ha fatto ricca; ma che n'hai goduto?».

A questo punto entrò la servetta ad annunziargli che qualcuno lo attendeva giù nello studio. Pensò che fossero i padrini (così presto?), e s'affrettò a discendere; trovò invece nello studio don Marcantonio Ravì tutt'ansante e scalmanato.

– Don Pepè mio, che avete fatto? Non me ne so dar pace!

– Il mio dovere, – rispose Pepè, breve, serio e compunto.

- Ma com'è nata codesta lite maledetta? E ora che avverrà?

Nulla... non so... Ma state pur sicuro che la signorina... cioè, la signo..

– Dite signorina, dite signorina, don Pepè! Ah, se sapeste... Ho l'inferno in casa. Urli, strilli, convulsioni... Si ricusa assolutamente di seguire il marito! E jersera m'è rimasta in casa, capite? signorinissima! Oggi la stessa storia. Non vuol neanche vederlo! Don Diego se ne sta dietro l'uscio a sentire, e n'ha sentite... pensateci voi! Io... io per me non so più dove battere la testa... Ci voleva per giunta quest'altro guajo qui... il vostro duello! Dovete per forza fare il duello?

– È necessario, – rispose Pepè, accigliato – siamo uomini... Le cose, del resto, sono arrivate a tal punto, che...

– Ma nient'affatto! – lo interruppe don Marcantonio. – Che uomini e uomini... chi ve l'ha messo in capo? Siete stato tanto buono voi, jersera, don Pepè mio... E ora, in compenso, vi tocca fare il duello?

– È necessario, – ripeté l'Alletto con aria grave e pur malinconica. – Credete, peraltro, che me n'importi? Non m'importa più di nulla, ormai. Possono anche ammazzarmi: ci avrei anzi piacere.

– Un corno! – gli gridò, quasi con le lagrime a gli occhi, il Ravì. – Importa a chi vi vuol bene... Scusate se ve lo dico, siete un minchione! Credete che tutto sia finito per voi? Date tempo al tempo, non vi precipitate... lasciate fare il duello a chi ci prova gusto, a chi ve l'ha messo in capo... Dite la verità, è stato vostro cognato? Lui, è vero? L'ho immaginato subito!

Non poté continuare. Entravano nello studio Gerlando D'Ambrosio e Nocio Tucciarello, i due padrini scelti da Ciro: il D'Ambrosio alto, biondo, con le spalle in capo, miope, il mento e la guancia sinistra deturpati da una lunga cicatrice; l'altro, tozzo, barbuto, panciuto, dall'andatura stentatamente bravesca.

– Pepè, a gli ordini tuoi! Benedicite, grosso Marcantonio! – salutò il D'Ambrosio.

Nocio Tucciarello non disse nulla; contrasse soltanto una guancia come per fare un mezzo sorriso e chinò appena il capo.

– Accomodatevi, accomodatevi, – propose Pepè, premuroso, con gli occhi ora all'uno ora all'altro.

– Tante grazie, – parlò il Tucciarello, rifacendo con la guancia la smorfia di prima e alzando lentamente una mano in segno negativo. – Noi, caro don Pepè, col permesso del nostro caro si-don Marcantonio, avremmo da dirvi una parolina.

– Debbo andarmene? – chiese angustiato il Ravì a l'Alletto. E, volgendosi ai due sopravvenuti: – So tutto, signori miei; anzi, ero venuto...

Il Tucciarello lo interruppe, posandogli leggermente una mano sul petto.

– Non c'è bisogno che aggiungiate altro. Caro don Pepè, l'affare è combinato secondo il nostro desiderio. L'amico, appena ci ha veduti, ha cambiato avviso. Gnorsì.[27] Ci ha detto che intendeva di far le cose per benino. «E anche noi!» gli abbiamo risposto, naturalmente. Insomma, poche parole; un solo, brevissimo abboccamento coi due padrini avversarii, e tutto combinato: arma, la sciabola; finché i medici non dicono basta. Siamo intesi? Domattina, alle sette in punto, io e Gerlando saremo alla porta di casa vostra: la carrozza, per non dar sospetto, ci attenderà col medico alla punta della Passeggiata, fuori del paese, donde scenderemo a Bonamorone. Mi spiego?

– Sta bene, sta bene, – s'affrettò a rispondere Pepè, con la vista intorbidata dall'interna agitazione, affermando ripetutamente col capo. – Alle sette, sta bene.

– Ma che diavolo dite, don Pepè! – scattò sù don Marcantonio. – Vi portano al macello, e sta bene? Signori miei, scherzate o dove avete il cervello? Metter di fronte così due giovanotti a cui il sangue bolle nelle vene? Io son padre di famiglia, santo e santissimo diavolone!

– Piano col diavolo, don Marcanto'! – disse allora Nocio Tucciarello pacatamente, un po' accigliato, con un lento gesto della mano. – Quando in un affar d'onore c'è di mezzo il signor me, nessuno, neanche il figlio di Domineddio, deve più metterci becco. Se voi avete da darmi comandi, sono a vostra disposizione.

– E che c'entra questo, Signore Iddio? – esclamò il Ravì. – Io parlo a fin di bene; che c'entrano i comandi? sono il vostro servo umilissimo, don Nociarello mio! Dico per il come si chiama... il duello! Se ne potrebbe fare a meno... Pensate alle conseguenze, signori miei! In fin dei conti, don Pepè ha dato di porco e ha ricevuto di pulcinella, è vero? ha dato una bastonata e ha ricevuto uno spintone; dunque, pari e patta, e affar finito. Ora il duello perché?

– Domandatelo all'illustrissimo avvocato Coppa! – rispose il Tucciarello con la stessa aria spocchiosa. – Noi abbiamo servito lui e don Pepè qui presente, che si merita questo e altro. Domattina alle sette, dunque, e baciamo le mani.

I due padrini andarono via, seguiti da don Marcantonio, cui premeva di far intendere al Tucciarello, umilmente, il suo pensiero.

VII

Pepè rimase a riflettere nello studio, passeggiando.

«Vediamo, vediamo...» diceva a se stesso, per chiamare a raccolta le proprie forze e persuadere i nervi agitati a calmarsi. Ma nel cervello, chi sa perché, gli s'accendevano guizzi di pensieri alieni; contraeva tutto il volto. – Per una sciocchezza! – esclamò alla fine, esasperato, alzando un braccio.

Subito, sorpreso dalla sua stessa voce, si guardò attorno, per timore che qualcuno avesse potuto sentirlo, e fece un rapido mulinello col bastone.

Non aveva paura, lui.

Era vero però che si trovava in quel frangente – col rischio anche di lasciarci la pelle... (eh sì, tutto era possibile!) – per una sciocchezza. Poteva bene far le viste di non avere inteso quelle parole del Borrani. Che glien'importava, in fondo? che c'entrava lui? Ci s'era messo quasi per ridere, in quell'avventura, non perché avesse preso sul serio il discorso del Ravì, quella mezza promessa sottintesa, senz'alcun valore. Sì, ma intanto, ecco: ridendone, scherzando, egli era adesso sul punto di battersi per quella donna. E qualche diritto, ora, sul serio cominciava ad acquistarlo su lei... Perbacco, rischiava la vita! Non aveva mai tenuto in mano una sciabola; non sapeva nulla, proprio nulla, di scherma. Si vide addosso il Borrani, alto robusto e impetuoso, con l'arma in pugno, terribile; sentì mancarsi il fiato, e scappò via dallo studio, all'aria aperta, smanioso di veder gente.

Per istrada però, quasi avesse gli occhi abbagliati, non riuscì a distinguer nulla: una gran confusione, come se la gente e le case tremolassero tutte nel sole. Le orecchie gli ronzavano. S'avviò in fretta, istintivamente, verso casa. Entrando per Porta Maz zara nel sobborgo Ràbato, subitamente gli venne al pensiero la madre, e s'intenerì fino alle lagrime

– Povera mamma!

La trovò, al solito, in giro per le ampie camere con un piumino spennato in una mano, un rosario nell'altra: labbreggiava avemarie e spolverava, accostandosi ora a questo ora a quel vecchio mobile d'antica foggia, come per andargli a confidare quelle sue preghiere.

Della pulizia di casa donna Bettina s'era fatta quasi una fissazione; tanto che, sentendo sonare il campanello della porta, non mancava mai di gridare, anche dalla stanza più intima e remota:

– Nettatevi le scarpe!

Ma, ripulendo di continuo l'antica mobilia, come attendendo alle più umili faccende domestiche, serbava sempre un contegno dignitoso, come se non sapesse quel che faceva. Teneva annodata sul capo un'enorme treccia finta, ma di capelli suoi, già da molto tempo caduti, color nocciuola, in stridente contrasto con quei pochi argentei che le erano rimasti intorno alla fronte. Reggeva questa treccia un pizzo nero, annodato sotto il mento. La palma e il dorso delle mani piccole e bianche, inanellate, erano protetti da un pajo di guanti senza dita; le spalle da uno scialletto di seta nera, ormai inverdito. Celare a gli altri e sopportare con la massima dignità la miseria, come ogni altra sventura della vita, era studio costante di donna Bettina, la quale, per esempio, a non pochi sacrifizii s'era costretta perché un pajo d'occhiali legati in oro, le accavalciasse il bel naso aristocratico.

Nel volto, se non più nel corpo, serbava ancora la traccia dell'antica bellezza, che tante e tante fiamme aveva destate nella gioventù mascolina dei suoi tempi. Di lei s'era invaghito anche, perdutamente, ma con poca fortuna, don Diego Alcozèr. Era allora anche ricca, oltre che di nobile casato e così bella! Maritata giovanissima a don Gerlando Alletto, in trent'anni di matrimonio, ne vide però d'ogni colore. Ma tutto ormai ella aveva perdonato al marito defunto, tranne una cosa sola, di cui pareva non si potesse dar pace; che egli cioè la avesse sempre chiamata, per mero capriccio, Sabettona.[28]

– Scempiaggine! – soleva dire. – Perché io sono sempre stata così: bassina e fina fina.

Vedendo entrare il figlio, non interruppe la preghiera né si distolse d'accostarsi alla grande mensola, verso la quale era avviata. Solo quando ebbe passato il piumino sul piano di marmo di quel mobile, si volse a Pepè e fe' cenno di domandargli, con una mossettina del capo, e socchiudendo un po' gli occhi, che cosa avesse.

– Nulla, – le rispose Pepè.

Ed ella gli sorrise, senza smettere di pregare e di compire il giro della casa col piumino spennacchiato in mano.

Pepè la seguì con gli occhi, frenando a stento la commozione che lo spingeva ad accorrere verso la madre e a stringersela forte forte al petto.

«Se io venissi a mancarle!» pensò.

Ah, egli sapeva bene che colpo sarebbe stato per la sua santa vecchietta! Sentì rimorso del fastidio che aveva fin allora provato di certe esigenze amorose della madre, la quale voleva perfino che si coricasse ancora, come da ragazzo, nella stessa camera con lei.

«Sì, sì, sempre con te, mammuccia mia!» diss'egli a se stesso. E sentendo di non poter più dominarsi, andò a chiudersi in una camera.

Parecchie volte la madre, a tavola, vedendo che Pepè non mangiava e stava invece a guardarla insistentemente, gli domandò:

– Che hai?

– Nulla... nulla... – le rispose sempre, con tenerezza, Pepè.

Allora donna Bettina alzò un dito della mano a metà inguantata, e lo minacciò sorridendo:

– Io lo so! – gli disse. – S'è maritata, è vero?... con quel vecchiaccio stolido...

Pepè arrossì, poi scosse malinconicamente il capo:

– No, – le rispose, – non ci pensavo affatto...

– Bene, bene... – approvò la madre. – Non ci pensare... Non era per te... Poi la troverai, quella che sarà per te. Per ora non vorrai lasciar sola questa tua vecchia mamma, non è vero?

Pepè non seppe trattenersi più: angosciato, prese una mano della madre e se la strinse forte su le labbra:

– No, no, – le mormorò sopra, carezzandola con l'alito e baciandola, – mai, mai, mamma mia!

Si alzò di tavola. Disse che voleva tornar da Filomena per vedere se stesse meglio, e uscì di casa. Donna Bettina, sentendo nominar la figlia, si turbò. Non voleva saper più nulla di lei. Quando s'era guastata col genero, appunto per causa di lei, per il supplizio ch'egli le infliggeva, le aveva ingiunto di lasciare i figli e di venirsene a casa sua. Naturalmente Filomena s'era rifiutata, e allora ella le aveva detto che, finché stava col marito, sarebbe stata come morta per lei. Scurita in viso, seguì con gli occhi il figlio, senza domandargli nulla.

Ciro tornò tardi dalla campagna.

– Son venuti i padrini? – domandò per prima cosa a Pepè, e volle sapere le condizioni del duello. – La sciabola? Avrei preferito la pistola o la spada. Basta. Rimani a cena con noi.

Dopo cena, sapendo che Pepè non era buono neanche a maneggiare un temperino, lo fece ridiscendere con lui nello studio per insegnargli un colpo sicuro.

– Sono un po' fuori d'esercizio; ma, all'occorrenza... Tieni! – raffibbiò, togliendo da un angolo due frustini e porgendone uno a Pepè. – Fa' conto che siano sciabole.

Su la scrivania ardeva il lume, che rischiarava a mala pena lo stanzone. Nella casa, tutt'intorno, silenzio di tomba.

Pepè era al colmo dell'avvilimento: quel frustino in mano e la saccenteria spavalda del cognato che l'atteggiava in guardia dandogli colpetti sulle gambe, gli parevano uno scherzo fuor di luogo. Ciro intanto gridava, spazientito, senz'intendere che col suo gridare lo imbalordiva peggio. Si dispose anche lui in guardia di fronte a Pepè e cominciò a insegnargli il colpo infallibile. Dàlli e dàlli, alla fine si riscaldò sul serio, s'imbestialì e, gridando: – Mi rammento dei tempi antichi! – si slanciò in un assalto furibondo contro il povero cognato che, riparandosi la

testa con le braccia, si chinò sotto la furia delle fischianti frusti-
nate, gridando ajuto e misericordia.

Accorse col lume in mano la sorella:

– Ajuto! Ajuto! S'ammazzano! Ciro! Pepè!

– Zitta, bestia! Zitta! – le urlò ansante e raggiante il marito,
lasciando Pepè che guaiva. – Non vedi che stiamo scherzando?

VIII

Il Ravì attendeva impaziente da circa due ore, appoggiato alla
ringhiera di ferro del viale all'uscita del paese, con gli occhi a un
punto noto dell'ampia, verde, vallosa campagna che s'apre a piè
del colle, su cui pare che Girgenti sia sdrajata. Di tanto in tanto
sbuffava e moveva qualche passo o dava uno scrollo poderoso
alla ringhiera, tenendo sempre gli occhi fissi laggiù, alla macchia
fosca dei cipressi del camposanto, a Bonamorone. E borbottava:

– Giusto là, sicarii! Uccellacci di malaugurio!

A quell'ora la Passeggiata era deserta. Un soldato a una finestra del grigio casermone dirimpetto lustrava uno stivale, fi-
schiando a distesa. Per lo stradone polveroso sotto la Passeggiata
passavan carri carichi di brocche d'acqua, tirati da stanchi asi-
nelli, a cui gli acquajoli non risparmiavano il peso del loro corpo, dopo la penosa salita dalla sorgente d'acqua potabile laggiù, presso il camposanto. Don Marcantonio si curvava su la
ringhiera, e li chiamava dall'alto:

– Di', di': hai visto due carrozze stamane, per tempo, laggiù?

Nessuno aveva visto nulla.

«Che siano andati altrove?» si domandava tra le smanie il
Ravì. «O che sieno tornati sù da un'altra parte? Non è possibile! Questa è la via più corta. Devono tornar di qua! di qua!»

E batteva le manacce su la ringhiera arrugginita.

– Ti possa seccar la lingua! – gridò alla fine al soldato che non
smetteva più di fischiare dalla finestra del casermone.

Don Marcantonio aveva rimorso di quel duello, come se davvero fosse avvenuto per causa sua, per quel discorso cioè, che
egli aveva tenuto a l'Alletto poco prima delle nozze della figlia.

Non aveva difatti quel povero giovanotto preso le parti di Stellina, come se questa fosse stata veramente sua promessa sposa?

Egli non voleva ammettere, neppur dopo l'esito sciagurato della festa nuziale e le scene violente della figlia, che il suo primo ragionamento zoppicasse più d'un poco. Credeva piuttosto che il diavolo si fosse divertito a cacciar la coda nella festa, suggerendo prima a don Diego di offrire quel maledetto bicchierino alla sposa, aizzando poi l'Alletto e il Borrani l'uno contro l'altro.

«Per farmi disperare!» pensava il Ravì. «Ma io non debbo dargliela vinta!»

In paese si faceva un gran ciarlare di quello sposalizio terminato in una baruffa: il suo nome e quello di don Diego correvan su la bocca di tutti; si ripeteva tra le risa la frase ridicola scappata al povero Pepè: *So anche il francese*; quelle poche gocce versate da don Diego su la veste della sposa eran già diventate una mezza bottiglia, e le cose più strambe e più buffe si narravano di quella serata ormai famosa.

Il giorno avanti a quella stessa mattina don Marcantonio s'era visto guardare con derisione dalla gente. Gli avevan tolto il saluto. Ebbene, tanto onore e piacere!

– Riderà meglio, chi riderà l'ultimo! Datemi due, tre anni di tempo, e vedremo chi aveva ragione.

Intanto lui era là: sissignori, ad aspettare con ansia e con legittima impazienza l'esito di quel duello. Giocava a carte scoperte. Sissignori, Pepè Alletto, caro giovanotto, buono, rispettoso, gli premeva, e sarebbe stato a suo tempo il marito di Stellina, divenuta ricca, la più ricca del paese, e tutti e due allora sarebbero stati felici a dispetto degli invidiosi, e questa felicità l'avrebbero dovuta a lui. – Ma perché ancora non tornavano le carrozze?

Don Marcantonio non seppe frenar più oltre la smania e s'avviò per discendere lungo lo stradone sotto la Passeggiata. Appena arrivato presso il casermone scorse una vettura in fondo, che si avanzava a passo, polverosa.

– Eccola lì! – esclamò; e il cuore gli balzò in gola.

Si mise a correre faticosamente, ajutando col moto delle braccia, le gambe tozze sotto il pancione.

– C'è dentro il ferito; certo: va così piano... Chi sarà? chi sarà?

La raggiunse:

– Chi c'è? – gridò, trafelato, col cappellaccio in mano, al vetturino.

Gerlando D'Ambrosio sporse il capo dalla vettura ad ammiccare dietro le lenti fortissime da miope, con faccia scura.

– Ah povero don Pepè! – esclamò il Ravì, percotendosi la fronte con la palma della mano e guardando dentro la vettura.

Pepè Alletto, pallidissimo, con la giacca su le spalle, la camicia aperta sul petto fasciato, gli volse uno sguardo smarrito.

– Non c'è posto! Via, avanti! – impose al vetturino Nocio Tucciarello con voce stizzosa.

– Dottore, mi dica... – scongiurò don Marcantonio.

– Avanti! – gridò il Tucciarello al vetturino.

– Ecce homo! Gesù tra i giudei! Birbanti Birbanti! – si mise allora a gridare don Marcantonio con le braccia levate, restando in mezzo allo stradone, ansimante, con le lagrime agli occhi, e le gambe che gli tremavano dalla corsa e dalla commozione.

IX

Pepè Alletto s'era preso un gran colpo a bandoliera, da la spalla sinistra giù giù fino al fianco destro: sessantaquattro punti di cucitura, uno dopo l'altro, sul vivo della ferita. E durante l'operazione era svenuto due volte.

Ma il Tucciarello e il D'Ambrosio non erano imbronciti per l'esito doloroso del duello; bensì per il contegno del loro primo[29] di fronte all'avversario. Non che Pepè avesse fatto propriamente una cattiva figura; ma, appena impugnata la sciabola, Cristo santo! – pensava il Tucciarello, morsicchiandosi con le labbra la punta della barba, – appena impugnata la sciabola, era diventato più pallido di una carogna; per poco le braccia non gli eran cascate su la persona, come se la sciabola fosse stata di bronzo massiccio. Parare? sfalsare?[30] Niente! Lì come un pupazzo da teatrino... E allora, si sa, zic-zac, al primo scontro, pàffete! Meno male, che non se l'era presa in testa. Il Borrani lo avrebbe spaccat· in due ⸮ne un mellone

Ciro Coppa aveva già saputo dai padrini dell'avversario, tornati sù prima in paese, l'esito del duello, e aveva fatto preparare un letto per accogliere il ferito. Non poteva certo mandarlo, in quello stato, in casa della madre, sua suocera, vecchia di settant'anni.

Ora, aspettando, andava a gran passi per lo studio, e intanto borbottava ingiurie e imprecazioni contro le donne, impiccio degli uomini. Auff! Già, una prima scena con la moglie malata: grida, pianti, escandescenze, deliquio – e perché? Perché un coniglio aveva voluto far la parte del leone. Imbecille!

– La carrozza! la carrozza! – venne ad annunziargli la serva, di corsa.

– Non entra nessuno! – gridò il Coppa, immaginando subito che, dietro il ferito, una folla di curiosi stésse per irrompere in casa sua. – Soltanto il medico e il malato!

E via, dietro la serva.

Pepè fu portato, su una seggiola, dalla vettura al letto. Ciro scappò sù avanti, a chiuder sotto chiave la moglie.

– Voglio vederlo! Per carità, Ciro, lasciamelo vedere! – scongiurava piangendo Filomena, e spingeva l'uscio con le mani e coi ginocchi.

Ma già Ciro era corso alla camera del ferito per dargli a suo modo il ben tornato:

– Sei il più gran minchione che esista su la faccia della terra!

– Zitto, avvocato, zitto! Ha la febbre... – lo ammonì il medico.

– Non entra nessuno! – gridò il Coppa sotto il naso al medico, per tutta risposta, nell'esaltazione del momento. E ripeté:
– Non entra nessuno! Vo a mettermi io stesso di guardia davanti alla porta... Guaj a chi entra!

E via di nuovo, di corsa.

- Pepè! Pepè! Lasciatemelo vedere! Voglio vederlo! Per carità! – seguitava a pregare la moglie.

Ciro si fermò di botto, aprì l'uscio e, con gli occhi fuori dell'orbita:

– Cristo, Madonna, Padreterno, che vuoi? Te li faccio scendere tutti dal Paradiso! Non puoi vederlo, t'ho detto! Lo spogliano, è nudo! Non entra nessuno[1]

E davvero per quel giorno non fece entrare né anche i più intimi amici del cognato. Solo qualcuno, appena, nei giorni successivi. Ma già, tanto non c'era più pericolo che i visitatori potessero veder Filomena. La poveretta, al colpo inatteso, s'era dovuta mettere a letto per un subito aggravamento del male.

Furon così ammessi alla vista del ferito anche Marcantonio Ravì e l'Alcozèr, venuti insieme, questi tutto sorridente e cerimonioso, quegli intozzato, su di sé, per la bile che gli fermentava in corpo come in una fornace.

– Don Pepè! don Pepè mio!

E gli volle per forza baciare una mano, rompendo in lagrime, come se Pepè fosse lì, moribondo.

La ferita invece non era di rischio, per quanto lunga e dolorosa. Pepè si lagnò coi due visitatori solo dell'immobilità a cui era costretto, e intanto con gli occhi in quelli di don Marcantonio cercava di legger notizie di Stellina.

Il Ravì gli parlò dell'interessamento di tutta la sua famiglia per lui; e don Diego confermò col capo le espressioni del suocero. Ah sì? dunque pure Stellina aveva saputo del duello? Pepè ne provò una vivissima gioja, turbata solo dal curioso sorriso con cui don Diego accompagnava quel suo tentennar del capo quasi a ogni parola del Ravì.

– Tornate, tornate a vedermi, – disse alla fine Pepè. – Ne avrò per molto tempo, ha detto il mèdico. Non potete neanche immaginare il piacere che mi farete...

– Piacere? voi? e io? – proruppe don Marcantonio. – La vita mia vi darei, don Pepè! Lo sa Dio ciò che ho sofferto nel sapervi... Basta! qui non posso parlare. Vi saluto. Ritorno domani... se però mi lasciano entrare. Sapete che, il giorno del duello, vostro cognato mi lasciò fuori la porta? Lasciar fuori me, che avrei voluto portarvi in braccio a casa mia per curarvi come un figliuolo! Basta. A rivederci, don Pepè.

Il Ravì tornò infatti, solo, non il domani, ma alcuni giorni dopo, e si trattenne a lungo a conversare con Pepè; gli disse che ogni giorno mandava la moglie da donna Bettina a darle notizia di lui, a confortarla, a tenerle compagnia, perché la poverina si struggeva dalla rabbia e dal dolore di non poter venire a vedere il figliuolo; gli parlò poi della bella casa dell'Alcozèr, del modo con cui questi trattava la moglie che finalmente si era arresa, delle visite che egli faceva a Stellina giornalmente per raccomandarle prudenza e pazienza:

– Perché, capite, don Pepè mio? Il vecchio, da un canto, ha coscienza di sé, dall'altro però, voi lo sapete, ama la compagnia, cosicché... mi spiego? gente in casa, giovanotti... Ora questo, se da una parte mi fa piacere, perché così Stellina ha un certo svago e non sta sola sola, dall'altra ho paura che dia cagione alle male lingue di sparlare. Sapete com'è il nostro paese... Ci vanno i vostri amici: i fratelli Salvo coi cugini Garofalo, buoni ragazzi allegri, lo so... e quanto a Stellina, non perché figlia mia, ma voi la conoscete: un angioletto! Tuttavia, vi par giusto metter la paglia accanto al fuoco? Basta, io, per me, non c'entro più: ora deve pensarci il marito, il quale esperienza dovrebbe averne, non vi pare? Ma, del resto, sapete come si dice? Ne sa più un pazzo in casa propria, che cento savii in quella degli altri.

«E Stellina? Stellina?» avrebbe voluto domandar Pepè. «Ride, canta, scherza coi Salvo, coi Garofalo, mentr'io sono qua inchiodato a letto per lei?»

X

Quante spine da quel giorno ebbe il letto per il povero Pepè!

– Mi dica, dottore, quando potrò alzarmi? Non ne posso più!

Ma il medico non gli dava retta: si tratteneva da lui pochi minuti, costernato di ben altro: del grave rischio che correva in quel momento la signora Filomena. E il Coppa che non se ne voleva dar per inteso, pretendendo dal medico la guarigione della moglie, come se, avendo sofferto e speso tanto per lei, si credesse in diritto di non perderla! Da una settimana non chiudeva occhio, non prendeva se non qualche raro cibo, lì accanto al letto, forzato dalla stessa moglie, da cui non distraeva lo sguardo un solo minuto. Credeva veramente di lottare così contro la morte, e non gli pareva possibile che questa gli portasse via la moglie da sotto gli occhi mentre egli teneva lì ferma, vigile, agguerrita in difesa di lei la propria volontà. Non ascoltava nessuno, per non allentare d'un attimo quella tensione violenta di tutte le forze del suo essere, a guardia dell'inferma. E se il medico gli diceva qualche cosa:

– Non so nulla, – gli rispondeva invariabilmente. – Fate voi: il responsabile siete voi. Io sto qua. Non mi lamento di nulla.

Ma alla fine il medico chiese un consulto e, avuta dai colleghi l'assicurazione d'aver fatto quant'era possibile per l'inferma, volle declinare ogni responsabilità. La signora Filomena era spacciata.

Ciro Coppa scacciò via il medico svillaneggiandolo; poi, sembrandogli che lì, in quella casa, dove la scienza di fronte alla morte si era data per vinta, la difesa della moglie fosse già compromessa, tratto dall'armadio un abito della moglie:

– Tieni, subito, vèstiti, – le disse. – Ti guarisco io! Andiamo in campagna: aria aperta, passeggiate... Lo insegnerò io a questi ciarlatani impostori come si salvano i malati! Vuoi che t'ajuti a vestirti? Per carità, Filomena, non avvilirti! non farmi questo tradimento! Tu mi vuoi bene... Io...

Un nodo di pianto gli strozzò improvvisamente in gola la voce. La moglie aveva chiuso gli occhi con lenta pena alla disperata esortazione di lui: due lagrime le sgorgarono dalle pàlpebre e le rigarono il volto. Gli fe' cenno d'accostarsi al letto. Ciro accorse angosciato, vibrante dallo sforzo con cui soffocava la violenta commozione. E allora la moribonda gli passò un braccio intorno al collo e con la mano malferma gli carezzò i capelli.

– Fammi una grazia, – gli mormorò: – Un confessore...

Ciro, chino sul seno di lei, ruppe in un pianto furibondo, come se il cordoglio, mordendolo, l'avesse arrabbiato.

– Non hai più fiducia in me, Filomena? – ruggì tra i singhiozzi irrompenti. Poi, levandosi scontraffatto, terribile: – E che peccati puoi aver tu su la coscienza, da confidare sotto il suggello della confessione?

– Peccati, e chi non ne ha, Ciro? – sospirò la moribonda.

Egli uscì dalla camera con le mani afferrate ai capelli. Ordinò alla serva di chiamare un prete.

– Vecchio! Vecchio! – le gridò; e scappò via di casa per non assistere a quella confessione.

Per circa due ore, alla Passeggiata, andò in sù e in giù sotto gli alberi, scervellandosi a immaginare i peccati, che la moglie in quel momento confessava al prete.

Che peccati? . che peccati? Peccati di pensiero, certo... peccati d'intenzione... Chi aveva mai veduto sua moglie?... Cose antiche? peccati antichi!...

E passeggiava con le mani avvinghiate alle reni, il volto contratto dalla gelosia e gli occhi che schizzavano fiamme.

Nella notte, Filomena morì. Pepè volle a ogni costo alzarsi per vedere un'ultima volta e baciare in fronte la sorella. Ciro si era chiuso nella camera dei figliuoli mandati dalla nonna, e buttato su un lettuccio, mordeva e stracciava i guanciali per non urlare.

Il giorno dopo ordinò che si apparecchiasse la tavola, e mandò a riprendere i figliuoli dalla nonna. La vecchia serva lo guardò negli occhi, temendo che fosse impazzito.

– La tavola! – le gridò Ciro di nuovo. – E apparecchia anche il posto per la tua signora.

Volle che tutti, Pepè e i due figliuoli, sedessero con lui a desinare.

– Qua comando io! – gridava, battendo i pugni su la tavola, e *brum!* bicchieri, posate, ballavano. – Qua comando io! Pensate che dispiacere avrebbe Filomena, se sapesse che per causa sua oggi i suoi figliuoli restano digiuni! Mangiamo!

Fece prima la porzione alla moglie, come al solito. Poi volle dare il buon esempio, mangiando lui per primo; ma, appena portatosi alle labbra il cucchiajo, sbruffava, si cacciava in bocca il tovagliolo e, addentandolo, gridava con voce soffocata:

– Filomena! Filomena!

Però, appena i figliuoli sbalorditi si mettevano a strillar con lui: *brum!* altri pugni su la tavola.

– Zitti, perdio! Qua comando io! Mangiate! Non fate dispiacere, ragazzi, a vostra madre! Ella è qua, qua che ci assiste... qua che ci vede tutti... qua che soffre, se non vi vede mangiare per una giornata, ragazzi miei... Mangiate! mangiate!

Del bruno per la sorella e del pallore lasciatogli dalla lunga con-valescenza Pepè trasse partito per apparire più «interessante» agli occhi di Stellina, come se avesse vestito il bruno per lei an-data a nozze con un altro.

Si recò in casa dell'Alcozèr in via di Porta Mazzara la prima sera che gli fu concesso andar fuori. Salendo la scala, si sentiva battere così forte il cuore che, a ogni cinque o sei scalini, doveva fermarsi a riprender fiato. Pervenuto al penultimo pianerottolo, fu crudelmente ferito dalla voce di Stellina che cantava una ro-manza, accompagnata a pianoforte da Mauro Salvo: senza dubbio.

– Canta, canta, ingrata!

S'appoggiò al muro e si strinse forte gli occhi con una mano.

Scoppiarono applausi, e tra questi una lunga risata argenti-na. Pepè si scosse, salì gli ultimi scalini, tirò il cordoncino del campanello.

– Pepè! – gridò sorpreso Gasparino Salvo, venuto ad aprir la porta, e subito si recò giubilante a dar l'annunzio nel salottino. – Pepè! Pepè Alletto! È venuto Pepè!

Fifo e Mommino Garofalo e Totò Salvo accorsero nella saletta. Don Diego che pisolava sul divano, svegliato dal battìo di mani e dalle voci, si alzò in piedi, intontito, guardando Mauro Salvo, che era rimasto a sedere su la poltrona e Stellina che, con un gi-nocchio appoggiato a lo sgabello del pianoforte e una mano su la tastiera, mirava assorta la fiamma della candela presso il leggìo.

Pepè entrò fra l'accoglienza rumorosa degli amici, pallido, impacciato, e tese con gli occhi bassi la mano a Stellina, che gli porse la sua, inerte e fredda, mentre don Diego, inchinandosi e gestendo largamente con le braccia, gli diceva:

– Evviva! evviva! Eccovi qua, tra noi, finalmente! Guarito del tutto? Rallegramenti. Sedete qua, accanto a me.

Solo Mauro Salvo non disse nulla a Pepè. Dalla poltrona, in cui rimase seduto, lo guardò con freddezza attraverso le pàlpe-bre che gli ricadevano per infermità su gli occhi globulenti, e a cui il naso rincagnato in sù pareva comandasse con ostinata fierezza di rialzarsi.

Pepè fermò un istante gli occhi su lui, poi li volse a Stellina, e domandò:

– Son venuto a disturbare?

Don Diego gli diede su la voce:

– Ma che dite, caro don Pepè! Tanto onore e tanto piacere. Vi abbiamo aspettato sera per sera, parlando di voi. È vero, signori miei?

Tutti, tranne Mauro Salvo e Stellina, confermarono.

– Anzi, – riprese don Diego, – ci siamo tanto afflitti della disgrazia che vi è toccata.

– Povera signora Filomena! – esclamò Fifo Garofalo, rialzandosi la lente sul naso.

Seguì al ricordo della morta un istante di silenzio, durante il quale Pepè tentennò leggermente il capo.

– Contribuì pure, – poi disse, – ad affrettarne la fine, lo spavento che si prese per me, poverina.

– Lo spavento, scusa, se lo prese, – interloquì ruvidamente Mauro Salvo con gli occhi bassi e il naso ritto, – perché, se è vero quel che si dice, tuo cognato la chiuse a chiave in una camera e non permise che entrasse a vederti, cosicché s'immaginò che fossi a dir poco in fin di vita; se ti avesse invece veduto con quella feritina...

– Feritina? – interruppe, stupito, Mommino Garofalo. – Quanti punti, Pepè?

– Sessantaquattro, – rispose Pepè, modestamente.

– Sì, – riprese Mauro, guardando in giro, attraverso le pàlpebre cadenti, i radunati, – ma certo né ferita mortale né da spaventare.

– Certo, certo... – approvò Pepè per troncare il discorso. – Intanto, vedete! Salendo, ho sentito che la signora Stellina cantava una romanza... Son dunque, veramente, venuto a disturbare.

– Ancora? V'abbiamo detto di no, caro don Pepè!

E don Diego spiegò a l'Alletto in qual modo si passavan le serate in casa sua, intercalando qua e là riflessioni su la vitaccia sciocca e la vecchiaja maledetta. *Sic vivitur,*[31] *sic vivitur...* La compagnia per lui era più necessaria del pane; ma, compagnia di giovanotti, beninteso! Dei vecchiacci come lui non sapeva che farsene. Però, guardare e sentire, sentire e guardare... non gli restava altro, ahimè. Ma si contentava.

Parlando, don Diego aveva su le labbra quel sorrisetto ambiguo che già Pepè aveva notato durante la visita che egli, insieme con don Marcantonio, gli aveva fatta. Ma questa volta il sorrisetto pareva che fosse piuttosto per Mauro Salvo, a cui gli occhi di don Diego si rivolgevano di frequente. A torto, però, Pepè se ne turbava. Quel sorrisetto aveva un significato assai più recondito di quel che la sua gelosia gli attribuiva. Don Diego, sì, fin dal primo momento s'era accorto che il Salvo si era innamorato di Stellina; ma di questo amore, per il suo segreto disegno, non che temere, s'era rallegrato. Mauro era brutto di faccia e ruvido di modi: Stellina non gli avrebbe mai dato retta. Invece il vecchio temeva di lui, di Pepè, protetto dal suocero e forte adesso del prestigio di quel duello fatto per la moglie. E tuttavia con vera impazienza egli aveva aspettato l'intervento di lui, perché Stellina da quella sera in poi si sarebbe trovata tra due fuochi: i due rivali si sarebbero fatta la guardia a vicenda, e lui avrebbe ora potuto riposar tranquillo e sicuro; l'espediente per godersi senza pericolo la compagnia di quegli altri giovanotti allegri e spensierati si riduceva ad effetto. Ed ecco perché il vecchio sorrideva a quel modo.

La conversazione a poco a poco s'animò, e vi prese parte anche Stellina, la quale, però, di tratto in tratto, volgeva un rapido sguardo inquieto al balcone, dove Mauro Salvo, mentre gli altri parlavano, si era recato, riaccostando pian piano dietro di sé le imposte. Ora egli se ne stava lì, con le spalle al salotto, i gomiti appoggiati su la ringhiera di ferro, la testa tra le mani, a guardar la campagna nera nella notte.

Don Diego, prima ancora di Stellina, s'era accorto della scomparsa di lui dal salotto; e a un certo punto volle richiamarlo:

– E venite qua, santo Dio! Vi pigliate un malanno, così al fresco.

– Mi fa tanto male il capo, – si scusò Mauro, cupamente, rientrando e richiudendo le imposte.

Don Diego, mostrando negli occhietti calvi il sogghigno delle labbra non mosse, lo osservò un tratto; poi gli disse con amorevolezza:

– Eh sì, vi si vede in faccia, poverino. Coraggio! Non vi avvilite!

XII

In una di quelle serate si concertò per la prossima domenica una gita ai Tempii: convegno, alle sette del mattino.

Con l'ajuto dei Garofalo e degli altri due Salvo, don Diego aveva indotto Pepè a far parte della comitiva, non ostante il lutto recente; e allora Mauro s'era scusato di non poter venire.

Mancò infatti egli solo all'appuntamento. Don Diego sentì mancarsi un braccio e, con la scusa che il tempo non gli pareva abbastanza bello, avrebbe voluto mandare a monte o rimandar la gita. Il cielo veramente non era sereno; s'aspettavano ancora le prime piogge autunnali. Ma i giovani amici e Stellina dichiararono che la mattinata, per una gita, non poteva esser migliore; cosicché, don Diego alla fine dovette arrendersi.

Stellina si mostrava contenta; scherzava con Fifo Garofalo che s'era portato il mantello e dichiarava di sentir freddo. Pepè la vedeva ridere e sorrideva, come se fosse uno specchio innanzi a lei.

Ma pervenuti alla punta della Passeggiata, eccovi Mauro Salvo appoggiato coi gomiti su un pilastro della ringhiera e le mani sotto il mento. Prima a scoprirlo fu Stellina, che, stringendo fra i denti il labbro e mettendosi un dito su la bocca, tolse di mano a Pepè il bastone, e accorse lieve, in punta di piedi, finché, allungando il braccio armato, poté pian piano spinger la tesa del cappello di Mauro. Questi si voltò di scatto, irosamente; ma si trovò davanti Stellina che lo minacciava seria seria con lo stesso bastone, tra le risa degli altri.

Così anche lui si unì alla comitiva. Ridevano tutti e Stellina pareva la più gaja. Don Diego guardava i sei giovanetti e la moglie e si beava della loro allegria, arrancando dietro, per lo stradone in declivio.

– Piano, ragazzi, piano... – ammoniva di tanto in tanto, pensando alla via lunga e agli anni che portava addosso; alzava poi gli occhi al cielo e storceva la bocca.

Il cielo, dalla parte di levante, si faceva sempre più cupo: laggiù, in fondo in fondo, su le livide alture della Crocca,[32] la foschìa s'addensava minacciosa; forse già vi pioveva. Da presso s'era levato un venticello fresco, che pareva esortasse gli alberi esausti a far buon animo, ché tra poco avrebbero avuto la pioggia tanto attesa. E dalle campagne arsicce, irte di stoppie, a destra e a sinistra dello stradone scosceso, venivan gli strilli gioiosi delle calandre,[33] che forse si annunziavano anch'esse la prossima acqua, e le risate di qualche gazza.

Quando la comitiva fu presso l'antica chiesetta normanna di San Nicola,[34] cinta di pini marittimi e di cipressi, a cavaliere su una svolta dello stradone, don Diego, avendo avvertito qualche goccia sul dorso della mano, consigliò:

– Signori miei, rimaniamo qua. Non mi par prudente avventurarci con questo cielo fino ai Tempii. Date ascolto a me, che non son vecchio per nulla.

– Ma che! ma che! – gridarono tutti a coro. – Nuvola che passa! Non pioverà!

– Signori miei, questa la piango! – ribatté don Diego. – Ma del resto, sia fatto il volere della gioventù: coraggio e avanti, figliuoli!

Dopo San Nicola lo stradone, più ripido, li agevolò nella corsa allegra, sotto la minaccia della pioggia. E in breve furono al cospetto del magnifico tempio della Concordia,[35] integro ancora, aereo sul ciglione e aperto col maestoso peristilio[36] di qua alla vista del bosco di mandorli e d'ulivi, detto in memoria dell'antica città che sorgeva pur lì, bosco della Civita;[37] di là alla vista del piano di San Gregorio, solcato dall'Acragas,[38] e poi del mare sconfinato, in fondo, d'un aspro azzurro. Il bosco stormiva agitato sotto le gravi nubi lente, pregne d'acqua, e vibravano in alto le punte dei colossali cipressi sorgenti in mezzo ai mandorli e agli olivi come un vigile drappello a guardia del Tempio antico.

Le grida festose della comitiva risonarono stranamente, nell'austero silenzio tra le colonne immani. Stellina, rimasta sospesa alla gradinata per cui si ascende all'alto zoccolo, quasi interamente distrutta dalla parte del prònao,[39] chiamò ajuto. Subito Mauro Salvo accorse e se la tirò per le mani.

Fifo Garofalo, intinto d'archeologia, con la tovaglia da tavola su le spalle e il cappello a cencio[40] assettato sossopra sul capo:

– Venite, o profani! – tuonò, saltando su un pietrone nel mezzo del tempio. – Turba irriverente, vieni! No, aspettate... – (scese dal pietrone). – La signora Stellina faccia da nume; alzi le brac-

cia... così. Adorate, o profani, la Dea Concordia! Io, sacerdote ce-
lebrante, dico ad alta voce: – Facciamo libazioni e preghiamo...
Ma no, aspettate! aspettate!

Tutti, tranne Stellina, atteggiata da nume, s'eran precipitati
su la cesta delle vivande portata dalla serva.

– Tu, Pepè, – aggiunse Fifo, gridando, – tu, ministro subal-
terno, chiedi prima a gli astanti: Chi son coloro che compongo-
no questa assemblea?

– Affamati! – risposero tutti a coro, compreso il nume, Stellina.

– No, no! Bisogna rispondere ad altissima voce: *Uomini dab-
bene!* E se non lo dite forte, nessuno ci crede. Sù, sù, offrite un
biscottino senza macchia alla si-donna Concordia...

– E accendete un fiammifero! – aggiunse Pepè guardando il
cielo che d'improvviso s'era incavernato, come se fosse piom-
bata la sera.

– Questa, santissimo Dio, la piango! – gemette addosso a
una colonna don Diego Alcozèr.

– Assalto alla cesta, e si salvi chi può, senz'ombra di educazione! – esclamò Gasparino Salvo, dando l'esempio.

Si lanciaron tutti, tranne don Diego, su la cesta, e ciascuno
ghermì quel che gli venne prima sotto mano; mentre già grosse
gocce di pioggia crepitavano come se grandinasse.

– Ripariamoci in qualche casina! – scongiurò don Diego. – Via
via, presto, corriamo!

Scapparono a precipizio dal Tempio: la pioggia d'un tratto
infittì, si rovesciò scrosciando con straordinaria violenza, come
se si fossero spalancate le cateratte del cielo.

– Misericordia di Dio! – gridò don Diego restringendosi tutto nella persona, sotto la furia dell'acqua.

Stellina e i sei giovani ridevano. Andarono alla casina più
prossima, ma il cancello di ferro davanti al cortile era chiuso.
Pedate al cancello e grida d'ajuto. Non era pioggia: era diluvio.

Fifo Garofalo si tolse il mantello e col concorso degli altri lo
resse a mo' di baldacchino su Stellina e don Diego. Giù acqua,
giù acqua, giù acqua. Presto il mantello fu zuppo.

– A San Nicola! – gridò Mauro Salvo, trascinando per una
mano Stellina e pigliando la corsa.

.

– A San Nicola: c'è il tettuccio! – approvarono gli altri, seguendoli.

E via sù per la salita, ch'era divenuta un torrente.

Sotto il tettuccio don Diego, fradicio come gli altri, cominciò a tremare, disaiutato.

– Qua si piglia un malanno! Maledetto il momento che mi son persuaso a uscire di casa... Certo, la piango!... Tutto zuppo... Non sentite che aria?

La furia dell'acqua scemò d'un tratto: per un momento parve che raggiornasse.

– Ma che! piove... guardate...

I fili di pioggia cadevano sì più esili e radi, ma continui. Tuttavia, per sottrarsi, così zuppi com'erano, alla corrente d'aria sotto il tettuccio, decisero di rimettersi in via per cercare mìglior riparo più sù.

– È inutile, don Diego! – osservò Fifo Garofalo, dopo aver bussato al cancello di un'altra cascina. – Oggi è domenica; a quest'ora i contadini sono a messa in città. Piuttosto, facciamoci coraggio, e in cammino! Già piove meno; speriamo che spiova presto del tutto.

– In cammino; in cammino! – approvò il povero don Diego. – Ma vedrete che arrivo morto.

La paura spronava l'ansimante vecchiaja, e don Diego andava in testa alla comitiva. La pioggia poco dopo infittì di nuovo.

– Qua la mano! Lasciatevi portar da noi, – gli dissero Totò Salvo e Fifo Garofalo.

– Muojo! muojo! – gemeva a tratti don Diego trascinato in sù dai due giovani che nitrivano come cavalli, springando,[41] dimenando la testa allegramente sotto la pioggia furiosa e tra le risa di quelli che venivan dietro.

Giunsero in città senza fiato, con gli abiti appicciati al corpo. Don Diego volle cacciarsi subito a letto, coi denti che già gli battevano; tutto tremante, in istato da far veramente paura e pietà.

– Un medico... un medico... son morto! Voglio qua subito Marcantonio...

Fifo Garofalo corse per il medico; Pepè Alletto, pregato da Stellina, per don Marcantonio. Gli altri andarono via afflitti e mortificati.

XIII

– Oh santo figliuolo! donde venite con questo tempo da lupi? – gridò il Ravì nel vedersi davanti Pepè fradicio di pioggia da capo a piedi e tutto inzaccherato.

Pepè gli narrò in breve l'avventura e manifestò infine il suo rimorso per il malanno sopravvenuto a don Diego.

– Lasciate fare a Dio! – gli rispose don Marcantonio, infilandosi in fretta il soprabito. – Muore? Se non fosse carne battezzata, direi che ci ho piacere. Ah ci ha provato gusto lui a farsela coi giovanotti? Ben gli stia! Don Pepè, non dico per voi: voi non c'entrate. Questa è la mano di Dio. Rosa, il paracqua... Andiamo, don Pepè.

Trovarono don Diego in preda al delirio, con un febbrone da cavallo, e Stellina che piangeva, spaventata dalle parole sconnesse del marito, che la scambiava or per una or per l'altra delle precedenti mogli, domandandole conto e ragione dei torti che queste gli avevano fatto.

– Sei l'anima di Luzza, tu? Ti scongiuro in nome di Dio, dimmi che cosa vuoi!

Il delirio durò a lungo; poi gli spiriti abbandonarono don Diego, che giacque sotto la febbre incalzante.

Stellina, Pepè e don Marcantonio vegliarono l'infermo tutta la notte. Nel silenzio profondo il petto di don Diego cominciò a crosciare.[42]

– Questa è polmonite, com'è vero Dio! – osservò don Marcantonio.

E tutti e tre si guardarono negli occhi al fioco lume della lampa.

La polmonite infatti si dichiarò la mattina del giorno appresso, e il medico disse don Diego in pericolo di vita.

Di fronte alla morte quasi in attesa lì, presso il letto su cui l'esile corpicciuolo di don Diego giaceva seppellito sotto le coperte, con la lunga ciocca dei capelli come una serpe sul guanciale, accanto al cranio lucido infiammato, i tre veglianti provarono quasi un segreto rimorso, che veniva loro dai pensieri e dalle promesse, che nascevano da quella morte. Più acuto lo sentì Pepè; meno di tutti, Stellina. E quando a don Marcantonio, nel silenzio, sfuggì dalle labbra, guardando la figlia e l'amico: – Ci siamo già, figliuoli miei... – tutti e tre sospirarono e chinarono il capo, come in attesa, non della liberazione, ma d'una vera sciagura.

E per tutto il corso della malattia, non risparmiarono cure a don Diego aggrappato a un filo di vita, come a uno sterpo all'orlo d'un precipizio; lo assistettero a gara, premurosi e intenti. E come se la loro coscienza provasse veramente sollievo e letizia nel prodigar quelle cure, ciascuno voleva prenderne tutto il carico per sé, esonerandone gli altri; e così tra loro, cerimonie e preghiere insistenti di prender qualche cibo e un po' di sonno.

Meno di tutti si risparmiava Pepè: ma la forza per cui resisteva così gagliardamente al sonno, al digiuno, non gli veniva dalla volontà; egli non poteva realmente né dormire né prender cibo, tanto il pensiero e il sentimento della propria felicità imminente lo sostentavano; era già arrivato, era alla vigilia della sua fortuna, quasi sostenuto dagli sguardi, dalle parole di Stellina nella piena certezza che ella lo amava, dopo quei giorni di stretta intimità, e che anche lei si sentiva arrivata alla soglia d'una vita nuova, felice.

Don Marcantonio però li teneva d'occhio.

«Pigliano fuoco!» diceva tra sé, storcendo la bocca.

Finché una sera, passando per il corridojo, gli parve di sorprendere come il suono d'un bacio nel salottino al bujo, e si mise a tossire. Più tardi, si chiamò Pepè in disparte e gli disse sotto voce:

– Don Pepè mio, per carità, prudenza! Siate uomo... come Dio vuole, pare che ci siamo arrivati...

Pepè finse di non capire, e gli domandò con aria ingenua:

– Perché?

– Per nulla, – riprese don Marcantonio. – Ma, vi ripeto, prudenza. Abbiate riguardo, santissimo Dio, che il marito è ancora lì. Quest'animale è capace di risuscitare: par che abbia sette anime come i gatti. E allora che figura ci faccio io? Niente, don Pepè... Quattro e quattr'otto: o usate prudenza o vi caccio fuori senz'altro. Non ammetto bestialità.

Quantunque don Diego fosse già entrato in convalescenza, Pepè Alletto usciva, una sera, raggiante di felicità dalla casa di lui, allorché, pervenuto all'imboccatura del Ràbato oltre via Mazzara,[43] si trovò davanti Mauro Salvo che gli faceva la posta in compagnia dei fratelli e dei cugini Garofalo.

Senza bisogno di molta perspicacia, Pepè si era accorto anche lui dell'innamoramento di Mauro Salvo, fin dalla prima volta che aveva riveduto Stellina in casa del marito. Stellina stessa gliel'aveva poi confermato, ridendone. Nessun pericolo dunque da questa parte. Ma Pepè conosceva bene il Salvo e lo sapeva capace d'ogni violenza. Cosicché, non per paura, ma per non dar luogo a qualche altra scenata compromettente, s'era finora comportato in modo da non offrirgli il minimo pretesto. Si sentiva inoltre protetto dalla benevolenza dei fratelli di lui, Totò e Gasparino, e dei cugini Garofalo, che disapprovavano l'agire di Mauro, non foss'altro perché faceva loro correre il rischio d'aver chiusa la porta di casa Alcozèr, dove, in compagnia di Stellina e pigliando a godersi il vecchio marito, si passavano serate deliziose.

Ma la porta, ultimamente, per la malattia di don Diego, era rimasta chiusa per loro; e ora essi perciò si erano accordati con Mauro, se non nella gelosia che questi sentiva, almeno nell'invidia per Pepè, a cui la porta seguitava ad aprirsi. Pepè aveva già notato questo cambiamento nell'animo degli amici, e più d'una volta aveva cercato di schivarli. Ma ora, ecco, essi, con Mauro alla testa, gli venivano incontro.

Mauro gli disse bruscamente, fermandolo:

– Vieni con me. Ho da parlarti.

– Perché? – gli domandò l'Alletto, provandosi a sorridergli. – Non puoi parlarmi qua?

– C'è troppa gente, – gli rispose asciutto il Salvo. – Cammina.

Pepè sporse il labbro e si strinse nelle spalle, per significare che non intendeva che cosa si potesse voler da lui con quell'aria rissosa, di mistero, e disse:

– Io credo... non so... di farmi gli affari miei, senza disturbar nessuno.

Ma il Salvo lo interruppe a voce alta, con violenza:

– Gli affari tuoi? Quali, morto di fame?

– Oh! – esclamò Pepè – Bada come parli...

– Morto di fame, sì; – raffibbiò Mauro, parandoglisi di fronte minaccioso. – E non rispondere o ti do tanti cazzotti da farti impazzire.

Pepè alzò gli occhi al cielo, con la bocca aperta, come per dire: «Mi scappa la pazienza!» – poi sbuffò:

– Senti, caro mio: non ho piacere né voglia di attaccar lite con nessuno, io.

– Sta bene! – s'affrettò a concluder Mauro. – E allora, giacché vuoi far la pecora, bada a questo soltanto: di non metter più piede, d'ora in poi, in casa di don Diego Alcozèr.

– Come! Perché? Chi può proibirmelo?

– Te lo proibisco io!

– Tu? E perché?

– Perché così mi piace! Non ci vado io, e non devi andarci neanche tu. Né tu, né nessuno, hai capito?

– Questa è bella! E se il Ravì mi conduce con sé?

– Arrivi al portone, e dietro front! Se no, alle corte: domani sera io sarò lì: se ti vedo entrare, guaj a te! Non ti dico altro. E ora vattene a casa.

– Buona sera, – scappò detto a Pepè nell'intontimento prodottogli dalla perentoria intimazione.

XV

Sentendo il campanello della porta, donna Bettina non mancò neppur quella sera di gridare:

– Nettatevi le scarpe!

– Me le son nettate, – rispose Pepè, rientrando, – sui calzoni di certa gente che non vuol farsi gli affari suoi.

La madre si spaventò:

– Un'altra lite?

– No... ma quasi! – s'affrettò a rassicurarla Pepè. – Ci è mancato poco, non ne facessi un'altra delle mie.

– Pepè, figlio mio, ancora bestialità? – gemette donna Bettina, pronunziando con tono amorevole questa domanda, che soleva spesso rivolgere al figliuolo. Pareva invecchiata di dieci anni, dopo la morte di Filomena. Non aveva voluto mostrar con lagrime il suo cordoglio, ma era evidente ch'esso ancora, in silenzio, le divorava il cuore.

Pepè, scotendo le pugna in aria, gridò:

– Li concio per le feste! Un duello già l'ho fatto! Ah, ma la vedremo... la vedremo...

E si mise ad andare in sù e in giù per la stanza, come un leoncello in gabbia. Donna Bettina lo guardava a bocca aperta come istupidita; poi gli domandò, congiungendo le mani:

– Per carità, dimmi che t'è accaduto, Pepè! Mi fai morire.

– Nulla, – le rispose il figlio. – Certi amici miei... Si cena o non si cena stasera?

– Pepè, – lo ammonì la madre, – t'avverto che una certa età io ce l'ho e non posso più prendermi tanti dispiaceri... non posso più... non posso più... Tu sarai la causa della mia morte... tu solo, sai? tu solo...

– Va bene... basta, mammà, non ne parliamo più! – sbuffò Pepè, e si mise a cenare di buon appetito come se il suo corpo volesse compensarsi della vergogna per l'affronto patito.

«Lasciatelo morire, e la vedremo!» pensava, intanto, alludendo tra sé e sé a don Diego.

Rimandava così mentalmente l'incontro col Salvo alla morte dell'Alcozèr, per non fermare il pensiero al giorno seguente, in cui, secondo la minaccia, avrebbe trovato il rivale davanti alla porta di don Diego. Guardando all'avvenire, sentiva quanto più forte fosse la sua posizione di fronte a quella del Salvo; ma tuttavia questo sentimento non riusciva a confortarlo del tutto per la prova del domani.

Durante la notte non chiuse occhio, pensando a ciò che avrebbe potuto rispondere, lì per lì, al rivale.

Contemporaneamente, nel lettuccio accanto, donna Bettina, che non aveva più, proprio, la testa a segno, faceva un sogno assai strano. Le pareva di vedersi comparir don Diego sorridente e cerimonioso; le s'inchinava con una mano sul cuore, le s'inginocchiava ai piedi, poi le prendeva una mano e gliela baciava, sospirando: «Oh, Bettina, in grazia dell'antico amore!». Allora ella scoppiava a ridere, e don Diego, ferito da quel riso, le proponeva questa tarda ammenda: avrebbe ceduto la moglie, troppo giovine per lui, a Pepè, a patto che donna Bettina lo accettasse per marito: «Unione di due vecchi che pensano alla pace, unione di due giovani che ardono d'amore...».

A questo punto ella si svegliò, e sorprese Pepè che, messo quasi a sedere sul letto, con le spalle appoggiate al guanciale rialzato su la testata della lettiera, diceva a denti stretti, con un braccio levato:

– E io t'ammazzo!

– Pepè, – chiamò ella. – Che dici? che hai?

– Nulla... penso!

– Di notte tempo? Dimmi che hai...

– Non ho sonno, e penso, -- rispose Pepè infastidito. – Dormi... dormi...

Donna Bettina tacque per un momento e rimise la testa sul guanciale; poi domandò piano, insinuante, con un certo imbarazzo, sperando di provocare una confidenza da parte del figliuolo:

– A che pensi?

Pepè non rispose. Soltanto, dopo un pezzo, scotendo il capo, emise nel silenzio della camera questo sospiro:

– Morto di fame...

– Perdona a tuo padre, Pepè, che si perdette per le sue follie, – concluse donna Bettina, sospirando a sua volta.

E pian piano, di lì a poco, la vecchietta addolorata si rimise a dormire.

XVI

Di non andar quel giorno in casa Alcozèr, Pepè non volle metterlo neanche in deliberazione: sarebbe stato lo stesso che cedere al Salvo ogni diritto su Stellina, non solo, ma anche la prova più lampante d'una paura che egli non voleva riconoscere in sé. Approssimandosi l'ora della visita consueta, si recò pertanto dal Ravì per accompagnarsi con lui: certo il Salvo non avrebbe avuto la tracotanza di aggredirlo vedendolo in compagnia del padre di Stellina.

Ma né don Marcantonio né la moglie erano in casa.

– Sono dalla figlia, fin da mezzogiorno, – gli annunziò la serva. – Chi sa che sarà avvenuto, signorino mio! Con lei posso parlare... Quella povera creatura è sacrificata!

Di nuovo su la strada, Pepè cominciò a riflettere: «Andarci? Conviene? Che dirà la gente se ci azzuffiamo proprio sotto le finestre della casa di lei? Io non sarei sicuro di me; ho usato prudenza ieri; ma, questa sera, se lo vedo, finisce male, parola d'onore! Del resto, loro sono in cinque; che meraviglia dunque se io mi accompagno con un altro?».

E, così pensando, s'avviava a malincuore alla casa del Coppa. Temeva purtroppo che questi non lo costringesse a fare un secondo duello; perciò, la notte scorsa, aveva scartato subito il partito di recarsi da lui, che pur gli pareva scorta più sicura, che non il Ravì.

Ciro, dopo la morte della moglie, non era più uscito di casa. Ai numerosi clienti che venivano a sollecitarlo, rispondeva misteriosamente:

– Mi corre prima l'obbligo, signori, di riparare ben altri torti. Mi duole di non potervi servire.

E i pretesi torti eran quelli della moglie defunta verso l'educazione dei due figliuoli. Invasato dall'idea di farne due uomini forti, li addestrava alla scuola degli antichi romani: li costringeva a correr nudi per circa mezz'ora ogni mattina attorno alla profonda vasca del giardino, e quindi a buttarsi nell'acqua diaccia.

– O morti, o nuotatori!

Poi comandava loro:

– Asciugatevi al sole!

E, se era nuvolo:

– Il sole non c'è. Mi dispiace. Asciugatevi all'ombra.

Niente più scuola: meglio bestie forti, che dotti tisici.

– Lasciatevi coltivare da me.

Pepè lo trovò che addestrava alla lotta i due ragazzi, lì nello studio.

– Gioverebbe anche a te un po' di questo esercizio! – gli disse Ciro. – Hai una faccia da morto, che fa schifo a guardarla. Qua! Fammi tastare il braccio... piegalo.

Gli tastò il bicipite, poi lo guardò in faccia, come nauseato, e gli domandò:

– Perché non t'ammazzi?

– Ti ringrazio dell'accoglienza, – gli rispose con un risolino Pepè. – Fai anche ridere i ragazzi. Del resto, hai ragione. Vorrei essere anch'io come te, capace di tenere a posto una mezza dozzina d'accattabrighe. Il coraggio, sì... va bene; ma da solo, senza la forza, non basta.

– Difetto dell'educazione! – gli gridò Ciro, dominato dall'idea fissa del momento.

– Ah, certo... l'educazione influisce molto...

– Molto? È tutto!

– Hai ragione, sì... Ma di' pure che c'è molta gente nel nostro paese, che non vuol farsi gli affari suoi.

– Te n'hanno fatta qualche altra? – saltò a domandargli Ciro con piglio derisorio. – Ma se puzzi di carogna, lontano un miglio!

– Nient'affatto! – negò Pepè, risentito. – Che non ho paura, dovrebbero saperlo; uno schiaffo, a chi se le meritava, ho saputo appiopparlo...

– Per combinazione!

– Un duello, a buon conto, l'ho fatto...

– Per forza!

– Ma se ora vengono in cinque contro uno?

– E chi sono? – domandò Ciro, con le ciglia aggrottate.

– Mauro Salvo...

– Ah, quel buffone con gli occhi a sportello?

– Lui, coi fratelli e coi cugini Garofalo... in cinque, capisci? Mauro è innamorato pazzo – non corrisposto, bada, e perciò posso dirlo – di... della signora Alcozèr, tu la conosci: la figlia del Ravì. Ora, che te ne pare? pretende ch'io non vada più, dice, in casa di don Diego; né io, né lui, né nessuno, dice... Anzi, dice, se ci vado stasera, guaj a me... Mi aspetta coi suoi davanti al portoncino dell'Alcozèr.

– Non capisco, – disse Ciro, infoscandosi. – Per prepotenza?

– Per prepotenza... eh già! Capisci? sono in cinque...

– E tu, babbeo? Hai detto che non saresti andato?

– Nient'affatto!

– Ma intanto sei qua... E hai paura! Te lo leggo negli occhi: hai paura! Ah, ma tu ci andrai, stasera stessa, or ora... Prepotenze, neanco Dio! Vieni con me.

– Dove?

– In casa Alcozèr!

– Ora?

– Ora stesso. Il tempo di vestirmi. A che ora suoli andarci tu?

– Alle sei e mezzo.

Ciro guardò l'orologio, poi esclamò, stupefatto:

– Quanto sei vile!

– Perché? – balbettò Pepè.

– Sono le sette meno un quarto... Ma non importa: li troveremo... In cinque minuti son bell'e vestito.

Scappò sù di corsa. Ridiscese, prima dei cinque minuti, che s'infilava ancora la giacca.

– Aspetta, Ciro... la cravatta – gli disse Pepè, aggiustandogli il giro che gli usciva fuori del colletto.

– Inezie! Pensi alla cravatta? – gridò il Coppa, fermandosi a fulminar con uno sguardo il cognato; poi gli diede uno spintone. – Cammina! Te li metto subito a posto io, senza bastone.

E s'avviò con Pepè. Camminando, fremeva, e di tanto in tanto esclamava:

– Ah sì?... Aspetta, aspetta. Ditelo a me, adesso, che in casa Alcozèr non deve andarci nessuno. Ci vado io. Ah, fai prepotenze tu? Aspetta, aspetta.

Pepè gli arrancava accanto, come un cagnolino. Presso la casa dell'Alcozèr, alzò gli occhi a guardare, e disse piano al cognato, impallidendo:

– C'è: eccolo lì, con gli altri.

– Tira via! Non guardare! – gl'impose Ciro.

· Tutt'e cinque, – aggiunse pianissimo Pepè.

Mauro Salvo infatti era alla posta. Il satellizio[44] dei fratelli e dei cugini si teneva a breve distanza, più in là. Appena Mauro scorse Pepè in compagnia del Coppa si staccò dal muro a cui stava appoggiato con le spalle, si tolse una mano di tasca, e venne loro incontro, a passo lento, guardando Ciro, a cui si rivolse, fermandosi in mezzo alla strada.

– Col vostro permesso, avvocato: una parolina a Pepè.

Ciro gli si parò di fronte, vicinissimo, lo guardò negli occhi, con le ciglia aggrottate, le mascelle convulse; si tirò con due dita il labbro inferiore, poi gli disse:

– Con Pepè per il momento parlo io, e non permetto che gli parli nessuno. Lo dico a voi e lo dico pure ai vostri parenti che stanno là ad aspettarvi. Se volete dirla a me, la parolina, sono ai vostri comandi.

– Preghiere sempre, don Ciro! – gli rispose Mauro, cacciandosi l'altra mano in tasca e alzandosi su la punta dei piedi, come se per ingozzar quel rifiuto avesse bisogno di stirarsi a quel modo.

– A un'altra volta, col comodo vostro: non mancherà tempo.

E s'allontanò.

XVII

Burrasca, anzi tempesta, quel giorno, in casa di don Diego.

Stellina aveva avuto, la mattina, un violento scoppio d'ira contro il marito, il quale, da che era entrato in convalescenza, era diventato, poverino, insopportabile. Aveva scritto al padre ingiungendogli di venire subito subito a prendersela, altrimenti si sarebbe buttata giù dal balcone. Don Marcantonio era accorso in gran furia insieme con la moglie, e col deliberato proposito d'imporre alla figlia il rispetto più devoto al marito, e a Pepè Alletto il divieto assoluto di frequentar la casa del genero.

Ciro Coppa e Pepè, entrando nel salotto, trovarono Stellina in lagrime, abbandonata su la spalliera del divano. La si-donna Rosa le sedeva accanto con gli occhi bassi, le labbra strette e le mani intrecciate sul pacifico ventre. Don Marcantonio passeggiava, con le mani dietro la schiena, gridando rimproveri alla figlia, per modo che li udisse don Diego tappato in camera da letto. Nel vedere il Coppa, smise subito di gridare, e gli andò innanzi, premuroso:

– Pregiatissimo signor avvocato! Quant'onore, quest'oggi...
Baciamo le mani, don Pepè... Rosa, c'è il signor avvocato Coppa... Mi duole che... Stellina, sù, figlia mia, guarda: c'è il signor
avvocato, che ci degna d'una sua visita... Mi duole, avvocato, che
lei càpiti giusto in un momento... Dispiaceri, sa! soliti dispiaceri di famiglia... Nuvola passeggera... Si accomodi, si accomodi.

Colpito da quell'accoglienza lagrimosa, il Coppa disse, sedendo:

– Ma... se io c'entro... anche indirettamente... prego la signora di scusarmi.

– Lei? E come può entrarci lei? – riprese, sorridendo, il Ravì.

Ciro lo interruppe, guardandolo con fredda severità:

– Lasciatelo dire, vi prego, alla signora, che ne sa forse più
di voi.

Stellina si tolse il fazzoletto dal volto e guardò smarrita, con
gli occhi rossi dal pianto, il Coppa. Poi disse, esitante:

– Io non so...

– Ma nossignore... – si provò a intromettersi di nuovo don
Marcantonio.

– Lasciatemi spiegare! – riprese forte il Coppa, seccato. – Io
mi son fidato di Pepè, e ho avuto forse torto. Certo però ho impedito che si facesse qualche schiamazzo sotto le finestre... Non
supponevo che, interponendomi, avrei cagionato un dispiacere alla signora.

Pepè, comprendendo finalmente l'equivoco in cui era caduto il
cognato, si agitò su la seggiola, rosso come un papavero, e disse:

– No, Ciro... Noi non c'entriamo... Quello è affar mio soltanto...

– Si lasci servire da me, signor avvocato! – entrò a dire risolutamente don Marcantonio. – Lei non c'entra... È una piccolissima sciocchezza avvenuta questa mattina tra marito e moglie.
Sa, cose che succedono: «io voglio questo... io non lo voglio...»
e allora... mi spiego? E il torto è tutto di mia figlia, torto sfacciato... Sì, sì, cento volte sì! è inutile che tu pianga, figlia mia!
Puoi pur piangere fino a domattina: io son tuo padre, e debbo
dirti il bene e il male. Parlo giusto, signor avvocato? Mi pare
che, fin qui, parlo giusto. E dico: Prudenza e obbedienza: ecco
la buona moglie! E poi, un po' di considerazione, santo Dio! Pre-

giatissimo signor avvocato, mio genero esce adesso da una malattia mortale: non è morto, proprio perché non ha voluto morire! Ora se ne sta di là, convalescente, ed è un po' fastidiosetto, si sa! Bisogna compatirlo!

– Io non parlo... – disse Stellina singhiozzando, senza scoprir la faccia. – Parli tu e chi sa che fai credere di me... Ma se la gente sapesse... Dio, Dio! Non ne posso più...

Ciro Coppa, a queste parole, si levò da sedere gonfio e quasi sbuffante dalla stizza e dalla commozione.

– Ma parla, parla... Perché non parli? – gridò alla figlia, irritato, il Ravì.

– Perché non sono come te! – rispose, pronta, Stellina con voce rotta dal pianto.

– E come sono io, ingrata, come sono? – scattò don Marcantonio. – Ho pensato forse a me? Che n'è venuto, di', a me? Non ho pensato al tuo bene? Rispondi!

– Sì, sì... – singhiozzò Stellina. – E la gente se ne accorgerà, che hai pensato al mio bene, quando verrà qualche giorno a raccogliermi giù in istrada, sfracellata!

– La sente, signor avvocato? La sente? Son cose, codeste, da dire a un padre, che per lei...

– Per me? che cosa? – lo interruppe Stellina, puntando i due pugni sul divano e mostrando finalmente il volto inondato di lagrime. – Tu mi hai incarcerata, a pane e acqua.

– Io?

– Tu: per costringermi a sposare uno più vecchio di te. E qui c'è la mamma che può attestarlo. Di', di' tu, mamma, se non è vero! E ci son le vicine, tutto il vicinato: tante bocche, che tu non puoi chiudere... E io t'ho pregato, scongiurato ogni giorno di portarmi via di qua. Non voglio più starci! E se non mi porti via, vedrai quello che farò!

– Don Pepè, la sentite? – esclamò don Marcantonio, mezzo stordito. – Questa è la ricompensa! Parlate voi...

Pepè si agitò di nuovo sulla seggiola, imbarazzatissimo. Venne intanto dalla camera di don Diego lo scoppio di due strepitosi sternuti.

– Salute e prosperità! – gli gridò don Marcantonio, con un

gesto di comicissima ira, aggiungendo a bassa voce: – Vi possa schiattare la vescichetta del fiele!

Sorrisero tutti, tranne il Coppa, allo scatto strano, improvviso.

– Signori miei, – prese a dire Ciro con aria grave, – senza propositi violenti, c'è rimedio a tutto: la legge.

– Ma che legge e legge, pregiatissimo signor avvocato! – esclamò don Marcantonio.

– Vi dico che c'è la legge, e basta! – gridò Ciro, che non ammetteva repliche, nemmeno in casa altrui.

– C'è la legge, lo so, – riprese, umile, don Marcantonio. – Ma queste son cosucce che si aggiustano in famiglia, signor avvocato mio; se non oggi, domani...

– Questo, – ribatté Ciro, – non spetta a voi di dirlo.

– Come non spetta a me? Io sono il padre!

– La legge non ammette padri che fan sevizie alle figlie, per costringerle a sposare contro la loro volontà e la loro inclinazione. Questo, se non lo sapete, ve lo insegno io. Signora, se ella vuol servirsi di me, io mi metto in tutto e per tutto a sua disposizione. Ella, volendo, può sciogliersi dal nodo che le riesce odioso e ricuperar la libertà.

– Dove? – domandò, perdendo la bussola, il Ravì. – In casa mia? È pazza! Una causa in Tribunale? Uno scandalo pubblico? Il discredito sul mio nome onorato? È pazza! Io le chiudo la porta in faccia. E avrà la libertà di morire di fame!

– In questo caso, – tuonò Coppa, – ci penserei io! Di fame non muore nessuno; e prepotenze, neanche Dio!

– Ma come sarebbe a dire?... – si provò a soggiungere don Marcantonio.

Il campanello della porta squillò a lungo, come tirato da una mano nervosa. Il Ravì s'interruppe. Stellina scappò via dal salotto, seguìta dalla madre. E Pepè, recatosi ad aprire, si trovò di fronte Mauro Salvo con la combriccola.

Il Ravì si fece loro incontro.

– Domando scusa, signori miei... Se volete entrare, favorite pure... ma, ecco...

– No, caro don Marcantonio, grazie! – disse Mauro. – Siamo venuti per domandar notizie della salute di don Diego...

– Sano, sano e pieno di vita! – s'affrettò a rispondere don Marcantonio.

– Volevamo anche ossequiar la signora, – riprese il Salvo. – Ma se non si può...

– Non si può! – disse il Coppa, con un tono che tagliava netto, guardando fiso negli occhi Mauro. – Andiamo via tutti e togliamo l'incomodo.

Poi, rivolgendosi a Pepè, aggiunse:

– Va' dalla signora: dille che avrò l'onore di venire a trovarla qui, domani, in tua compagnia.

Pepè ubbidì, e poco dopo andarono via tutti, senza neppur salutare il Ravì, che rimase sul pianerottolo, come un ceppo.

Appena fuori del portoncino, Mauro Salvo, avviandosi coi fratelli e i cugini, disse, pigiando su le parole:

– Pepè, a rivederci!

– Non rispondere! – impose forte a Pepè Ciro Coppa, in modo che i Salvo e i Garofalo udissero.

XVIII

– È in casa don Pepè? – domandò, ansante, don Marcantonio Ravì, non riconoscendo a prima giunta donna Bettina accorsa ad aprir la porta.

– E voi chi siete? – domandò a sua volta donna Bettina irritata dalla furiosa scampanellata del Ravì, squadrandolo da capo a piedi.

– Oh, scusi, gentilissima signora! Son Marcantonio Ravì, ai suoi comandi. Scusi, se vengo così presto... Accidenti a questo cane! Lo sente come abbaja?... Debbo parlare con Pepè di un affare urgentissimo e di grande importanza per lui e per me.

– Favorisca, – disse donna Bettina un po' rabbonita, ma pur tra le spine vedendo entrare in casa quell'omaccione dall'abito non bene spazzolato e dalle scarpe poco pulite. – Credo che sia ancora a letto... Vado a chiamarlo.

Don Marcantonio si mise a passeggiare per la stanza, agitatissimo. Pepè si presentò poco dopo, stropicciandosi le mani gronchie[45] dal freddo, con la faccia lavata di fresco e asciugata in fretta.

– Eccomi qua.

– Caro don Pepè, ditemi subito che intenzioni ha vostro cognato. Sto per schiattare dalla bile. Stanotte non ho chiuso occhio. E l'ho pure a morte con voi.

– Con me?

– Gnorsì. Lasciatemi dire, o schiatto, vi ripeto. Come vi è venuto in mente di condurre quell'energumeno, quel pezzo d'ira
di Dio, in casa di mia figlia?

– Io? – disse Pepè. – C'è voluto venir lui.

– Per mettermi la guerra e il fuoco in casa? Ditemi subito quali
sono le sue intenzioni.

Pepè protestò di non saper nulla; si dichiarò dolente anche
lui di ciò che Ciro il giorno avanti aveva detto in casa Alcozèr,
e aggiunse che avrebbe voluto trovare una scusa per impedire
che suo cognato tornasse quel giorno a visitare Stellina.

– Trovatela, don Pepè! – esclamò il Ravì. – Trovatela per amor
di Dio! Vi ho preso per un ingrato: me ne pento! Credevo che vi
foste messo d'accordo con vostro cognato per rovinarmi la figlia.
Ho avuto torto. Sarebbe infatti anche la vostra rovina. Parliamoci
chiaro; anzi, fatelo intendere a quel pazzo furioso, diteglipure di
che si tratta... per voi... Mia figlia ha bisogno solamente di un'altra spinta come quella di jeri, e butta all'aria tutto, ve l'assicuro
io! A sentir che la legge può venirle in ajuto e ridarle la libertà,
ha preso fuoco. Ah, se l'aveste intesa jersera, appena siete andati via voi due... La libertà, asina, sai che vuol dire? – le ho detto
io. – Che speri? dove te n'andrai? Ho cercato di prenderla con le
buone; sono arrivato finanche a dirle che sapevo quale sarebbe
stata la sua inclinazione, e l'ho scongiurata, per la sua felicità, ad
aver prudenza, pazienza... Uno, due anni... che cosa sono? Se mi
dicessero: tu devi far la vita del più scannato miserabile, schiavo
tra le catene, due anni, cinque anni, e poi, in compenso, avrai la
ricchezza, la libertà; non la farei io forse? E chi non la farebbe?
Questo non è sacrifizio! Io sacrifizio intendo, quando non si avrà
mai nessun compenso. Ho fatto il sacrifizio io, per esempio, dando la figlia a un vecchio, per il bene unicamente di lei; quando
piuttosto, se il mio sangue fosse stato oro, mi sarei svenato per
farla ricca e felice. E lei, ingrata... Basta: «Figlia mia», le ho det-

to, «il sogno come ti può diventar realtà, se non fai così?...». Capite, don Pepè, quel che m'è toccato di dire? E voi venite a rompermi le uova nel paniere, conducendomi in casa quel ficcanaso accattabrighe... Però... però... però, santissimo Dio, ho forse fatto peggio. Gnorsì. Mia figlia adesso, almeno a quanto m'è parso d'intendere, l'ha pure a morte con voi, nel sospetto che vi foste messo d'accordo con me per farle sposare il vecchio...

– Io? – esclamò Pepè, arrossendo fin nel bianco degli occhi. – E come avrei potuto?

– V'ho difeso! – lo interruppe subito don Marcantonio, per rassicurarlo. – V'ho difeso, parlando in generale... Perché, il vostro nome, capirete benissimo, non è venuto fuori... Peccati grossi, don Pepè, debbo aver io su la coscienza, senza saperlo, se Domineddio non m'ha voluto far la grazia di ritirarsi dal commercio di questo mondaccio quella merce avariata di settantadue anni! A proposito: giusto jeri m'imbatto nel medico che l'ha curato e salvato: ci teneva! E io non mi son potuto trattenere dal dirgli: «M'avete fatto questo bel regalo!». Basta; don Pepè, intendiamoci: son venuto per aprirvi gli occhi: badate che vostro cognato tira a rovinarvi. Vi ripeto, fategli intendere, magari in quattro e quattr'otto, di che si tratta. In fin dei conti, di che possono accusarmi? di voler fare la fortuna, prima, e poi la felicità di mia figlia? Non è delitto: sono anzi il dio dei padri. Vi saluto, don Pepè, e mi raccomando.

L'Alletto rimase in preda a una vivissima agitazione e con una segreta stizza contro Stellina. Come! Dunque non lo amava più? o non intendeva che, ribellandosi adesso, mandava tutto all'aria? L'odio per il vecchio marito era veramente più forte dell'amore per lui? E se era sorto in lei, ora, il sospetto d'un accordo tra lui e il padre, non si sarebbe cangiato in odio l'amore? non si sarebbe rivolta anche contro di lui quella rabbia? Che fare?

Gli pareva d'impazzire, tra l'avvilimento e la confusione. Pensava: «Vuol liberarsi dal marito! E come, se il padre non la vuole più in casa e io non posso far nulla per lei? Dunque pensa a un altro, che potrebbe ridarle la libertà? E io? posso io consigliarle pazienza? Dovrebbe consigliarsela da sé, se veramente mi amasse... Dunque non m'ama più».

Eppure, fino all'altro jeri...

Un altro pensiero gli balenò: che Mauro Salvo avesse scritto a Stellina qualche lettera, insinuandole il sospetto dell'accordo, per vendicarsi. Ne era ben capace quel vile! Sì, sì... Ma quale accordo? «Io» pensava, smaniando «io debbo assolutamente dimostrarle che è una calunnia, codesta. Mi metterò contro il Ravì, apertamente. Pregherò tanto Ciro, finché non mi otterrà un impiego, e allora...»

Decise di recarsi subito dal cognato; ma un altro pensiero lo trattenne. Quel giorno Mauro Salvo col suo satellizio doveva essere in cerca di lui, per la città, come un cacciatore arrabbiato, in mezzo ai suoi bracchi. Si mise allora a studiare per qual via sarebbe stato prudente recarsi in casa del Coppa, eludendo la vigilanza del rivale.

XIX

Studiava ancora, quando, insolitamente, si vide davanti Ciro in persona: Ciro in casa sua!

Donna Bettina era rimasta come fulminata, nel vederselo davanti, e non gli aveva saputo dir nulla. Ciro s'era introdotto senza neppur salutarla.

– Tu qua! – esclamò Pepè, stupito, vedendolo. – Chi t'ha aperto la porta?

– Tua madre, ed è restata là, come se avesse visto un brigante, – gli rispose Ciro, cupo.

– No... ma siccome... – cercò di scusar la madre Pepè.

Ciro lo interruppe.

– Lei è una vecchia, e perciò la compatisco; tu sei uno sciocco, e perciò ti meravigli della mia venuta. Basta. Non sei ancora vestito? Che aspetti? Vèstiti, e andiamo.

– Dalla signora Alcozèr? Non ti par presto?

– No. Andiamo per affari, non per visita. Vèstiti sotto gli occhi miei; se no, sei capace di metterci due ore.

– Cinque minuti, – disse Pepè. – Andiamo di là.

Entrarono nella camera da letto, e Ciro, alla vista dei due lettini gemelli, sogghignò, tentennando il capo.

– Eh, lo so... – sospirò Pepè. – Ma se la mamma... Hai detto, per affari? Non ho capito...

– Affari, affari! – replicò brusco Ciro. – Ci ho pensato tutta stanotte e quest'oggi...

– Alla signora Alcozèr? – domandò Pepè, timido, di tra lo sparato della camicia, nell'infilarsela.

– A lei precisamente, no. Ho pensato al suo caso. È un'infamia che bisogna riparare a ogni costo.

– Certissimo. Ma... e come? scusa...

– Vèstiti! Non perder tempo.

– Sì sì... ma non hai sentito il padre, jersera?

– Me n'infischio, del padre, – rispose il Coppa. – Lo schiaccio come un rospo. Con la legge.

– Sarà, – concesse Pepè. – Ma... scusa, permetti? Vorresti forse che il matrimonio si annullasse?

– Quest'è affar mio! E, a ogni modo, dipenderà da lei, dalla signora.

– Va bene, – consentì di nuovo Pepè. – Ma... e dopo?

– È affar mio, ti ripeto! Vèstiti!

Pepè fu abbagliato a un tratto da un'idea luminosa, e guardò, gongolante, il cognato; poi riprese a vestirsi in fretta, disordinatamente, come non gli era mai avvenuto. «Perché no?» pensava. «È capace anche di questo; è capace di tutto, pur di prender si una soddisfazione, pur di schiacciare, come lui dice, il Ravì e Mauro Salvo. Ha preso a difendermi? mi difenderà fino all'ultimo. Non è uomo da far le cose a mezzo; anzi, non gli basta vincere, vuole stravincere. Oh Dio, Stellina così sarebbe mia! E poi... poi per me ci penserà lui...»

Come in risposta al tacito pensiero di Pepè, Ciro disse:

– Il padre non la vorrà più in casa? Poco male! Per il momento, c'è quella testa fasciata di mia sorella Rosaria, che è superiora a Sant'Anna, e potrà prendersela con sé nel Collegio, fino a cose fatte. Poi si provvederà. Se vuole, c'è casa mia.

– A casa tua? – domandò Pepè, tutto ridente.

– Caro mio, se ti dispiace, non so che farti.

– Ma no! Ma no! – s'affrettò a negar Pepè. – Per me, figùrati!

– Dici allora per tua madre?

– Ma neppure! Vedrai che la mamma, poverina, s'acquieterà alla necessità delle cose.

– Tanto meglio! – esclamò il Coppa. – Comprendi anche tu che io ho bisogno assoluto di una donna in casa? Non ti facevo capace di tanto. Ti ripeto, ci ho pensato tutta questa notte... Mi è assolutamente necessaria una donna in casa, che badi, se non altro, ai ragazzi. Io non posso condannarmi a rimanere il loro ajo[46] per tutta la vita; già la mia salute ne soffre; ho poi da attendere alla professione. Così piglio, se lei vorrà, due piccioni a una fava; farò una buona azione e provvederò un poco anche a me.

– Ma sì, ma sì – approvò Pepè, raggiante di gioja. – Vedrai, Ciro mio, che donna! che bontà!

– Tu approvi dunque?

– E come no? scusa! Ma un'altra preghiera, Ciro mio, – s'arrischiò ad aggiungere. – Vorrei che tu, dopo, pensassi un poco anche a me: un posticino... per non restare su le tue spalle del tutto. Vedi, io sarei allora addirittura felice!

– Ci penserò, ci penserò, non dubitare, – rispose Ciro, astratto. – Ora, andiamo.

Trovarono, questa volta, in casa Alcozèr Mauro Salvo e Fifo Garofalo, loro due soli, in rappresentanza di tutti gli altri, venuti apposta prima dell'ora solita, con la scusa di fare una visita al convalescente. Così Stellina, all'arrivo del Coppa e di Pepè, poté sbarazzarsi di loro, conducendoli in camera di don Diego.

– Eccoci soli! – disse poi, ritornando, con un sorriso. – Si accomodi, avvocato, e voi pure, don Pepè...

Pareva che Ciro avesse perduto la lingua: guardava Stellina che gli si presentava così diversa dal giorno avanti; e, come se le proprie mani in quel momento gli cagionassero un grande impaccio, non trovava dove cacciarsele prima: dalle tasche dei calzoni se le passò in quelle del panciotto, poi in quelle della giacca; quindi, inchinatosi, balbettando un grazie, e sedutosi, se le posò su i ginocchi e cominciò a parlare con gli occhi bassi:

– Senta, signora: non ho il bene di conoscere qual concetto ella abbia di me, del mio carattere. La fama che mi son fatta, creda, non corrisponde per nulla alla mia vera natura: sembro a tutti un prepotente, perché non ammetto prepotenze né dai miei simili, né dai pregiudizii del paese, né dalle abitudini che ciascun uomo tende a contrarre; nessuna prepotenza, neanche da Dio; sembro, per conseguenza, anche strano, solo perché voglio esser libero, in mezzo a tanta gente che è schiava o di se stessa o degli altri, come per esempio, mio cognato Pepè.

– Io? – esclamò questi, quasi destandosi di soprassalto, mentre seguiva intentamente la elaborata spiegazione, di cui non iscorgeva né l'opportunità né lo scopo, pur ammirando il modo di parlare del cognato.

– Schiavo di te stesso e degli altri, – raffermò Ciro con pacata, tranquilla fermezza, mentre Stellina rideva. – Si può esser poveri e liberi nello stesso tempo. Non la pensa così, o sembra, il padre della signora. Ma ognuno intende a suo modo la vita. Io, per me, non sono prepotente, ripeto: faccio anzi sempre ciò che devo, e so sempre quello che faccio. Questo per dirle che, impressionato fortemente dalla scena di jeri e dalle sue parole, ho riflettuto a lungo, signora, e considerato da ogni parte il suo caso.

– Io la ringrazio, – disse Stellina, chinando il capo.

– Mi ringrazierà dopo – riprese Ciro. – Intanto le raffermo ciò che ebbi l'onore di dirle jeri: che ella può, quando voglia, sciogliersi dal matrimonio, a cui fu costretta con sevizie. Possiamo produrre le prove: abbiamo, se non ho frainteso, molti testimonii; ma, quand'anche non ne avessimo alcuno, basterà, io credo, mostrare ai giudici il suo signor marito, scusi sa! testimonianza lampantissima della violenza usatale. Quel che jeri lei stessa ne ha detto e quel che me n'ha detto Pepè, mi abilita a parlare così. Insomma, io le do per fatto, senza alcun dubbio, lo scioglimento, e mi metto di nuovo, dopo matura riflessione, in tutto e per tutto, ai suoi ordini. Non la scoraggino le minacce del padre: ho, lei lo sa, una sorella monaca, la superiora del Collegio di Sant'Anna: bene, ella potrebbe andare da questa mia sorella e star temporaneamente nel Collegio; quindi, a fatti compiuti, decidere sul da fare.

Pepè approvava col capo, guardando Stellina che ascoltava con gli occhi fissi sul pavimento, pensierosa.

– Naturalmente, – concluse Ciro, – io non posso attendermi da lei una pronta risposta: non sarebbe prudente da parte sua.

Ci pensi sù, e poi, da qui a un mese o che so io, quando insomma avrà ben considerato il pro e il contro, mi dica o sì o no. Io, se lei permette, avrò l'onore di frequentar la sua casa in compagnia del nostro Pepè; o se no, un bigliettino, due parole: «Signor Coppa, sì», e io mi metterò subito all'opera. Siamo intesi?

XX

Così Ciro cominciò a frequentar la casa dell'Alcozèr, in cui venivano adesso, di nuovo, i Salvo e i Garofalo. Ma don Diego, dopo la malattia, non era più quello di prima. I tristi umori della vecchiaja, stemperati per tant'anni negli ambigui sorrisi, davano ora quasi un sapor velenoso a ogni sua parola e quasi avevano avvelenato l'anima di Stellina di giorno in giorno più triste.

L'intervento del Coppa aveva sconcertato il piano di difesa del vecchio. Pepè Alletto e Mauro Salvo eran passati ora in seconda linea di fronte a quell'uomo che s'era introdotto in casa ad assalire apertamente ogni suo diritto su la moglie, e che lo teneva in tanta soggezione e in uno stato insopportabile d'avvilimento e quasi di vergogna di se stesso, non mai finora provata. Veniva poi a mancar del tutto, lo scopo che s'era prefisso in quei tardi anni, e per cui aveva ripreso moglie ancora una volta: godere dell'altrui allegria attorno a sé.

«L'inferno anticipato?» pensava. «No no, che!»

Non riusciva però a veder la fine di questa nuova condizione di cose, come liberarsi di questa siepe di spine ch'era venuta a pararsi sul finire del suo lungo cammino fiorito.

Ciro intanto vigilava, senza mostrarlo, su Stellina; la guardava di tanto in tanto; ed ella in quello sguardo severo e pieno di volontà leggeva l'attesa paziente, non ostante l'uggia e il dispetto che gli dovevano cagionare la presenza e le chiacchiere futili di quei giovani. E insieme con l'attesa vi leggeva la protezione.

Protetto si sentiva anche Pepè, quantunque in cuor suo perplesso ancora, se dovesse abbandonare del tutto l'appoggio segreto del Ravì, puntello non più valido abbastanza per raffermar l'edificio un po' scosso delle sue speranze. Ma doveva poi rimettersi interamente alla discrezione del cognato?

«Ciro, ecco... hm!... basta, stiamo a vedere...»

Ciro, con quel suo carattere e quei suoi scatti inconsulti, non gl'ispirava veramente molta fiducia. «Se non che,» pensava egli, «da che ci s'è messo ha tenuto fermo. E pare un altro: prudenza, contegno... un po' rigido, è vero, ma chi se lo sarebbe aspettato? sempre a modo, anche affabile talvolta, specialmente con Fifo Garofalo... E noto che anche ha più cura della persona: colletti alti, abito nuovo... bravo Ciro!»

Non la pensavan come lui, però, i Salvo e i Garofalo, che pur si ostinavano a frequentare ancora la casa di don Diego. La presenza del Coppa infine disagiava tutti, imponendo una circospezione e una ritenutezza a lungo insostenibile.

Stellina lo comprendeva, e di giorno in giorno diveniva più smaniosa, così sospesa in una posizione che anche lei sentiva precaria, pur non sapendo ancora come dovesse risolverla. E dalla perplessità sua stessa era tenuta in un continuo orgasmo. Fustigavano poi senza tregua questo orgasmo le prediche e i consigli del padre, gli umori sempre più acerbi del marito, il quale, non avendo il coraggio di liberarsi di tutti quei seccatori, pretendeva che glieli sbarazzasse lei d'attorno, e la opprimeva; la paura infine che un giorno o l'altro non scoppiasse un diverbio o peggio tra il Coppa e Mauro Salvo, che covava, cupo e taciturno, il suo rancore.

In queste condizioni di spirito, dopo un'altra scena, più disgustosa della prima, col padre e col marito, annunziò una sera al Coppa, ch'ella era pronta a rifugiarsi nel Collegio di Sant'Anna, presso la sorella di lui, anche per sempre, pur di finirla con quella vita d'inferno; e che intanto egli pensasse a liberarla dal marito, se fosse possibile.

XXI

Tre giorni dopo, don Diego Alcozèr si presentò in casa del Ravì, esclamando con le braccia per aria:

– Scappata! scappata!

– Chi? mia figlia? Vostra moglie?

– *Quondam*,[47] *quondam*... eh eh! – corresse don Diego, accompagnando il sorrisetto con un cenno di protesta della mano. – *Quondam*, se permetti... Scappata. Contentone!

Marcantonio Ravì si lasciò cadere su la seggiola, come fulminato.

– Scappata... con chi?

– Se lo sa lei, – rispose allegramente don Diego, scrollando le spalle. – O sola o in compagnia, è tutt'uno. Ho qui la... come si chiama? la... la cosa del Tribunale...

– Siamo già a questo? – esclamò il Ravì, rimettendosi in piedi.
– Il Coppa, è lui... quell'assassino! M'ha rovinato la figlia... E voi, vecchio imbecille, ve la siete lasciata scappare?

– Caro mio, le avrei aperto io stesso la porta, purché mi lasciasse in pace!

– Rosa, Rosa! – chiamò don Marcantonio.

La si-donna Rosa si mostrò all'uscio, placida, al solito.

– Che c'è?

– C'è che... guarda... qui, tuo genero...

– *Ex, ex*...

– Scappata, Rosa! scappata!

– Stellina?

– Copriti la faccia, vecchia mia! Dovevamo aspettare che i nostri capelli diventassero bianchi, perché nostra figlia venisse a imbrattarceli di fango!

– Non capisco nulla... – disse, imbalordita, la si-donna Rosa.

– Glielo spiego io, – interloquì allora don Diego. – Stamattina... Oh, ma piano, Marcanto'!

– Oh Dio, oh Dio! – strillò la si-donna Rosa accorrendo a trattenere il marito che, pestando i piedi e piangendo come un ragazzo, si dava manacciate furiose in testa.

– Lasciatemi! Lasciatemi! Il disonore è troppo! Questa è la ricompensa! Ah figlia ingrata! In Tribunale... in Tribunale...

– Càlmati, Marcantonio, càlmati! Non è poi il finimondo... – lo esortò don Diego. – Scioglimento di matrimonio... Lei con una mano, io con cento. Son disposto a tutto...

– Anche voi? – urlò don Marcantonio, afferrando per le brac-

cia don Diego e scotendolo violentemente. – Avreste il coraggio
anche voi di trascinarmi in Tribunale? Voi!

– Scusa, ma... – balbettò don Diego, quasi nascondendo la testa tra le spalle, tremando di paura sotto gli occhi inferociti del
Ravì. – Scusa... se lei lo vuole...

– Che vuole? – ruggì don Marcantonio, senza lasciarlo. – Non
può voler nulla, lei! Ditemi dov'è andata! subito!

– Non lo so...

– Volete allora che vada a scannare il Coppa?

– Scanna chi ti pare, ma lasciami! Io non c'entro... Oh quest'è
bella! Te la pigli con me?

– Con tutti, me la piglio! Aspettate, don Diego... Così non può
finire... Vediamo con le buone... uno scioglimento alla buona...
senza trascinar nel fango, per carità, il mio nome onorato...

– Scioglimento alla buona? – disse timido, esitante, don Diego.
– Ma io... tu lo sai... come potrei restar solo, io?

– Vorreste riammogliarvi? – tuonò don Marcantonio, riaffer-
randolo. – Rispondete!

– Non lo so... – balbettò ancora don Diego, messo alle strette. – Ma... se tua figlia...

– Ve la riconduco io subito a casa! Aspettate. Vo a trovar
quell'assassino!

– Marcantonio, per carità! – supplicò la moglie.

– Zitta tu! – le gridò il Ravì. – Vado armato del mio diritto di
galantuomo e di padre: difendo l'onore e la figlia!

– Marcantonio! Marcantonio! – strillò, grattandosi la fronte,
la si-donna Rosa, dall'alto della scala.

XXII

Esortandosi per via con frasi vibranti di sdegno, Marcantonio
Ravì corse in gran furia alla casa del Coppa. Quando pervenne
davanti alla porta, non tirava più fiato.

Venne ad aprirgli Pepè Alletto.

– Voi qua? – gli gridò don Marcantonio. – Ingrataccio! anche voi?

Fu interrotto da un terribile colpo di frustino su la scrivania dello studio attiguo, e poco dopo il Coppa irruppe nella saletta urlando:

– Chi è là? Chi si permette?

– Perdoni, pregiatissimo signor avvocato! – prese a dire il Ravì, togliendosi il cappello.

– Via! via! – incalzò il Coppa, indicandogli la porta col frustino. – Uscite, subito, via!

– Ma, nossignore: io son venuto... perdoni... Don Pepè, parlate voi per me...

– Caccialo subito via! – ordinò Ciro al cognato.

– Mi faccio meraviglia... voi, don Pepè? – pregò, ferito, il Ravì.

– Perdoni, signor avvocato... Purché mi lasci parlare, le parlerò anche in ginocchio.

E in così dire, don Marcantonio accennò di piegarsi su i ginocchi; ma, in quella, su la soglia dello studio, si presentò donna Carmela Mèndola, l'accanita vicina, la quale, con l'indice teso contro il Ravì, si mise a strillare:

– Lui, lui, sissignore! ha bastonato la figlia, sissignore: lo grido davanti agli uomini e davanti a Dio! Non ho paura, io! Lui! Lui!

– Zitta, voi! – le impose, furibondo, il Coppa. – E voi, – aggiunse, afferrando per un braccio il Ravì, – fuori! Non voglio scenate in casa mia!

Don Marcantonio diventò pallidissimo, e minacciò con gli occhi torbidi e la voce tremante.

– Ma infine...

Il Coppa gli diede uno spintone:

– Fuori!

– Io sono un vecchio! – esclamò il Ravì, passandosi su i capelli la mano levata minacciosamente.

– Ciro... – pregò a bassa voce Pepè, impietosito.

Ma il Coppa replicò con violenza:

– Fuori! Ricordàtelo a voi stesso che siete un vecchio, prima che gli altri, per l'imprudenza vostra, se lo dimentichino!

– Imprudenza?... – disse il Ravì. – Ma io vengo...

– Le vostre ragioni le direte ai giudici; intanto, via!

La Mèndola, appena uscito il Ravì, volle lodar l'avvocato del degno modo con cui aveva accolto colui.

– Nient'affatto! – negò Ciro. – Ho agito malissimo. Ma per causa sua: non doveva venire.

– Padre snaturato! – insistette la Mèndola.

– Nient'affatto! – negò di nuovo, più vivamente, Ciro, adirandosi. -- Lui ha creduto e crede d'agire per il bene della figlia. Ma ciò non toglie che non abbia commesso un delitto... Pepè, non mi guardare in bocca con codesta faccia da scimunito: mi dài ai nervi, te l'ho già detto. Ritorniamo al lavoro. Siedi e scrivi!

Pepè era diventato lo scrivano e il galoppino di Ciro. La felicità sua, in quei giorni, era soltanto turbata dalla costernazione costante, anzi dalla paura di non contentare in tutto e per tutto il cognato che lo comandava a bacchetta, e per cui ora sentiva una riconoscenza illimitata, pur sapendo che egli non si era messo così accanitamente in quella briga per lui, bensì per ispirito d'autorità e di giustizia. E lo ammirava e, sorridendo tra sé e stropicciandosi le mani dalla gioja, ripeteva la frase preferita dal Coppa:

– Prepotenze, neanco Dio!

Ma ecco, intanto, si distraeva. – Al lavoro! al lavoro! – Non doveva pensare a nulla, fino a tanto che la lite non fosse vinta, fino al giorno in cui Stellina non fosse sua... lì, lì, in quella stessa casa, proprio lì... E Pepè, in un impeto d'amore, si stringeva e baciava le mani, come fossero quelle di Stellina.

Aveva fatto il giro di tutto il vicinato del Ravì, per raccogliere testimonianze a sostegno del processo che Ciro imbastiva. Quando alla fine la maggior parte del lavoro fu abbozzata, il Coppa volle ch'egli si recasse anche da don Diego Alcozèr per invitarlo a un abboccamento.

– Onoratissimo dell'invito, – disse don Diego a Pepè. – Eccomi pronto. Sono con voi.

Ciro lo accolse con molto garbo; e don Diego, grato di quell'accoglienza, volle togliersi subito all'ospite l'imbarazzo di certe domande difficili, entrando lui per primo nell'argomento.

– Lor signori sono giovani, rispetto a me, – disse, rivolgendosi pure a l'Alletto, – e perciò potrebbero anche aspettare. Ma io son vecchio, e mi preme di uscire di questa briga quanto più presto sia possibile. *Quonam pacto?*[48] Sono dispostissimo a tutto, signor avvocato. Mi suggerisca lei.

Ciro rimase a guardarlo, intento, un tratto, tra la sorpresa e la diffidenza. Poi, per provarlo subito, gli disse:

– Ma... ecco... ci sarebbe da fare semplicemente... se lei volesse aver la bontà... una... una...

– Dichiarazioncina?... – suggerì l'Alcozèr, accompagnando la parola col sorrisetto frigido che Pepè gli conosceva. E aggiunse:
– Una domanda. Sarà discussa a porte chiuse la causa?

– Certo, – rispose Ciro. – Se lei lo vuole... Sarebbe, in fondo, considerando gli anni, a cui ella ha avuto la fortuna di pervenire, sarebbe un lieve sacrificio di vanità.

– Non ne ho, di questo genere... – lo interruppe argutamente il vecchietto. – Sarei ridicolo, all'età mia. Però, siccome codesto sacrificio che lei dice potrebbe forse, in certo qual modo, danneggiarmi per l'avvenire... per quei pochi giorni che mi restano di questa sciocca fantocciata che chiamiamo vita... ecco, se ci fosse qualche altro rimedio...

– Questo, – osservò il Coppa, ammirando la filosofica schiettezza con cui l'Alcozèr trattava la questione, e vedendolo inchinevole a cedere, – questo sarebbe il mezzo più sicuro, più sbrigativo.

– Ebbene, – si rimise don Diego, scrollando le spalle e sorridendo, – pur d'uscirne...

Così, non ponendo egli, ch'era la parte più interessata, nessun impegno in contrario, la lite, per le brighe, le raccomandazioni e le sollecitudini di Ciro, venne presto in Tribunale, e fu discussa a porte chiuse.

Una moltitudine di curiosi sfaccendati attendeva impaziente il giudizio. Pepè Alletto aveva la febbre addosso e smaniava, senza un minuto di requie, dietro la porta chiusa, non ostante che l'usciere di guardia di tanto in tanto lo esortasse a far buon animo:

– Dia ascolto a me che me n'intendo: causa vinta!

La porta finalmente s'aprì. Ciro, raggiante, annunziò la vittoria. Scoppiarono applausi e grida. Batteva le mani, ridendo, anche don Diego Alcozèr. Ma don Marcantonio uscì dalla sala del Tribunale scotendo il testone raso, coi denti serrati, mentre abbondanti lagrime gli rigavano la faccia congestionata:

– Figlia mia! figlia mia! Mi hanno assassinato una figlia!

Pepè volle abbracciare il cognato; ma questi, nell'ebbrezza del trionfo, eccitato dagli applausi, lo respinse con un gesto furioso.

Il Presidente del Tribunale, scampanellando, fece sgombrare il corridojo; ma, per via, la folla cresciuta continuò a batter le mani, e Ciro parlò:

– Eroi i padri, o signori, che per render propizia la divinità alle nobili imprese della patria sacrificavan le figlie! Ma che dire d'un padre che, per loschi fini, la propria figlia sacrifica al dio Mammone?[49]

– Mammone! Mammone! Abbasso Mammone! – gridò la folla, tra le risa e gli applausi.

E, da quel giorno, il Ravì fu chiamato da tutto il paese Marcantonio Mammone.

XXIII

Pepè Alletto si era spiegato l'impegno posto da Ciro nel condurre a buon fine l'impresa, come effetto dell'eccessiva indole di lui. Quando però lo vide tutto inteso a sgomberar la casa della mobilia vecchia per comperarne altra nuova, cominciò a entrar davvero in sospetto non gli avesse dato di volta il cervello.

«Possibile che faccia tutto questo per me?» Intanto non ardiva domandargli nulla. Dopo la vittoria, Ciro, anziché mostrarsi lieto, diventava di giorno in giorno più cupo.

– Pepè, – gli disse una mattina, tirandolo per la giacca, in disparte, con gli occhi foschi. – Devi dirmi la verità: prometti prima però, che me la dirai. Se menti, guaj a te: non ti dico altro.

Pepè, contento in fondo che si venisse a una spiegazione, benché il modo un po' lo apprensionisse, promise.

– Non so più da quanti giorni – riprese Ciro, – ho perduto la pace. Ricordo che tu una volta mi dicesti che Mauro Salvo, quel buffone, corteggiava Stellina. È vero?

– È vero; ma, non corrisposto! – rispose Pepè, cercando con un sorrisetto d'appianar la ruga minacciosa su la fronte di Ciro.

– Giuralo! – esclamò questi.

– Che vuoi che giuri? – disse Pepè. – Lo so io, e basta.

– Sai che Stellina non rispose mai, mai, minimamente, alla corte del Salvo?

– Ma sì! ma sì!

– Giuralo!

– Ebbene, lo giuro!

Ciro si mise a passeggiare per lo studio, col mento sul petto e le mani in tasca; insoddisfatto, fosco.

– Che vai pensando?... – riprese Pepè. – Ti angustii proprio senza ragione... d'una cosa che, se vuoi, torno a giurarlo, non ha ombra di fondamento... E mi pare che io possa saperlo.

– Tu non sai nulla! – gli gridò Ciro, fermandosi a fulminarlo con gli occhi.

Pepè si strinse nelle spalle.

– Come vuoi tu... Io ero là...

– Ah, eri là, – irruppe Ciro, col volto contratto dalla rabbia. – Eri là, lo sai dire... e con te tant'altri buffoni! Quella era dunque la casa di tutti... E Stellina là, in mezzo a voi, mentre il vecchio dormiva...

– Eravamo là tutti, è vero, – ammise Pepè, – ma non si faceva nulla di male... Tu sei geloso, e non puoi intenderlo... Si scherzava innocentemente, e...

– L'innocenza, imbecille, partorisce i figliuoli! – lo interruppe Ciro, furibondo. – Qualcosa, certo, dev'esserci sotto; come ti spieghi altrimenti che io ho dovuto combattere fin oggi per farla addivenire al matrimonio? Come te lo spieghi?...

– Me lo spiego, – disse Pepè, cercando le parole, – me lo spiego... considerando che la poverina... ha tanto patito... Ma io, per dirti la verità, non me lo sarei aspettato... Ah, non voleva più saperne?

– Voleva farsi monaca, – rispose, cupo, Ciro.

– Ma ora, l'hai persuasa?

– S'è persuasa, con l'ajuto di mia sorella. Ma anche tu, di', anche tu, con codesta faccia da scimunito, – riprese Ciro, fermandosi in mezzo allo scrittojo e appuntando come un'arma l'indice d'una mano contro Pepè, – anche tu, di' la verità, hai tentato di farle la corte...

Pepè lo guardò, allocchito.

– Come... io? Non capisco...

– Oh, con me, sai, non serve far lo scemo! – gli disse Ciro, sprezzante. – Anche tu, anche tu, come tutti gli altri imbecilli... Basta. Adesso, bisogna allestir subito la casa. La mobilia di sù bisogna trasportarla tutta in campagna, prima che arrivi la nuova da Palermo. Poi verrai con me al Municipio. Mi farai da testimonio.

– Io... a te?... Ma come?... – poté a mala pena balbettare Pepè.

– Io, il testimonio a te?

– Ti dispiace?

– Ma come... dunque... Chi... chi sposa?

Sentì mancarsi la terra sotto i piedi; si portò le mani su le tempie, quasi temendo non gli scoppiassero, e chiuse gli occhi per trattener due lagrime che gli colarono però giù per le guance smorte.

– Nulla... nulla... – riprese poi, quasi tra sé, con voce rotta e le labbra tremanti. – Hai ragione... Che stupido!... Che imbecille!... E come ho potuto crederlo? Come ho potuto supporre che tu...

– Sei impazzito? Che ti scappa di bocca? – gli gridò Ciro. – Parla! Che t'eri messo in testa?

– Lasciami stare, Ciro! – disse Pepè, esasperato, senza porre più freno alle lagrime.

– Ah, tu credevi, – inveì Ciro allora, – credevi forse di doverla sposar tu? Eravate d'accordo? Parla, perdio! o ti strozzo...

– Ti ripeto, lasciami stare! – gli gridò Pepè, col coraggio della disperazione, svincolandosi. – Non ti basta che ti dica che sono stato un pazzo, o un imbecille? Sì, sì, ho potuto credere stupidamente che quanto hai fatto, lo facessi per me... Ora basta, basta... Sposala! Che vuoi da me? Non t'ha detto di sì?

– Ma io voglio sapere... – tonò il Coppa, slanciandosi addosso al cognato.

Pepè si schermì; poi gli si parò davanti, con audacia insolita.

– E non lo sapevi forse? O perché mancò poco, che non mi facessi ammazzare per lei? Non lo sapevi che io l'amo da tanti anni?

– E lei? – fremette Ciro, con occhi feroci.

– Non t'ha detto di sì? – ripeté l'Alletto. – Che vai dunque cercando?

– Ma tra te e lei, – replicò Ciro, – dimmi la verità, o non rispondo più di me! tra te e lei... parla!

– Che vuoi che ti dica? – gemette Pepè tra le braccia del Coppa. – Lasciami stare... mi fai male...

– Dimmi la verità... tra te e lei, che c'è stato? Voglio saperlo...

– C'era una promessa... – rispose Pepè. – Aspettavo che Dio si raccogliesse quel vecchiaccio...

– E poi?

– Poi sei venuto tu... Ella ti ha detto di sì... Ora tutto è finito... Io non so nulla, non posso farci nulla... dunque lasciami andare... Tutto è finito...

Prese dall'attaccapanni il cappello, lo pulì più volte con la manica, e se ne andò, come intronato.

Ciro rimase con le pugna serrate su le guance, gli occhi da belva, a passeggiare in sù e in giù per lo studio.

XXIV

Don Diego Alcozèr, il giorno dopo le nozze del Coppa con Stellina, vide per istrada Pepè Alletto, e lo chiamò a sé. Mentre il giovanotto, torbido in volto e come svanito, gli s'avvicinava, egli spalmò una mano, appoggiò il pollice su la punta del naso e si provò ad agitar per aria le altre quattro dita tremule:

– Tanto di naso, don Pepè! Mannaggia la prescia![50]

– Non mi seccate, vecchiaccio stolido! – proruppe Pepè, scrollandosi tutto con rabbioso dispetto.

Ma don Diego lo trattenne per un braccio.

– Eh via, non siate furioso: venite qua... Io, voi e il nostro exsuocero dobbiamo anzi consolarci a vicenda, oramai. Venite a casa mia: Marcantonio verrà più tardi; e questa sera stessa, se non vi dispiace, intavoleremo una partitina di calabresella...[51] Ci terremo compagnia...

Pepè, chiuso nel funebre cordoglio, si lasciò andar taciturno

dietro l'Alcozèr che, tentennando su le deboli gambette a ogni
passo, sogghignava sotto il naso e si volgeva di tanto in tanto a
sbirciare l'aspirante suo erede sconfitto.

– Scusate se rido, don Pepè! Nella vita c'è da piangere e c'è
da ridere. Ma io son vecchio e non ho più tempo di fare tutt'e
due le cose. Preferisco ridere. Del resto, piangete voi per me...
Povero don Pepè, non crediate però, vi compatisco! Per toglier-
vi subito d'impaccio, lasciate che vi dichiari che sapevo tutto:
so che aspiravate alla mano di Stellina, dopo la mia morte, e che
Marcantonio era d'accordo. Ho detto perciò il *nostro ex-suocero.*
Ebbene, che male c'è? Io, anzi, vi assicuro che n'ero contentone,
e sapete perché? A parte i meriti vostri, so che quando si desidera ardentemente la morte di uno, quest'uno non muore mai.
E vi tenevo caro, come un amuleto. Ora, invece, che v'importa
più ch'io campi o ch'io muoia? Mentre quella volta... vi ricor-
date? dite la verità, mi ci conduceste apposta fin laggiù, ai Tempii, sotto quel diluvio? Perdio: pensare, don Pepè, che ci eravate quasi arrivato... Che rabbia deve farvi questo pensiero! Una
polmonite coi fiocchi... Il Signore vi ha fatto assaporare la mia
morte, e poi ve l'ha tolta quasi di bocca, come un tozzo di pane,
povero don Pepè! E ora...

L'Alletto si fermò davanti al portoncino di don Diego.

– Se dovete seguitare a dir codeste sciocchezze, vi lascio.

– No no, salite, caro don Pepè, – gli rispose l'Alcozèr, tratte-
nendolo di nuovo per un braccio. – Salite! Mi dispiace che non
ci troverete più la vostra futura moglie... Faccio per ridere... Non
ci sente nessuno...

Entrati in casa, don Diego condusse Pepè in giro per le stanze,
indovinando e quasi gustando l'amaro piacere che doveva ca-
gionargli la vista di quel luogo, ove Stellina aveva abitato. Nella saletta da pranzo si fermò e, additando un lato della tavola
sparecchiata, disse come a se stesso:

– Sedeva lì a desinare... Poi lì, vicino alla finestra, si metteva
a leggere i romanzi, che le prestava Fifo Garofalo...

Nella camera da letto non gl'indicò nulla; ma, nello svestirsi
per indossar l'abito di casa, vedendo che Pepè guardava il letto matrimoniale attraverso le tende dell'alcova, sogghignò for-

te, poi finse di trarre un profondo sospiro e andò a battergli una mano su la spalla.

– Eh, caro don Pepè, doman l'altro compisco settantatré anni, eh eh... Se aveste avuto un po' più di pazienza... Basta, non voglio affliggervi... Ecco, suonano alla porta: sarà Marcantonio.

Il Ravì non s'aspettava di trovar l'Alletto in casa di don Diego. Appena lo vide, si cangiò in volto e gridò:

– Lasciatemene andare!

Don Diego lo trattenne per la giacca.

– Lasciatemene andare! – ripeté più forte don Marcantonio. – Non posso vedermelo davanti!

– Eh via, perché? perché? – gli disse l'Alcozèr senza lasciarlo. – Vieni qua... Rimettiamo la pace.

– Lui, lui m'ha rovinato la figlia! – insistette don Marcantonio.

E don Diego, rabbonendolo:

– Ma no, perché? *Factum infectum*...[52] con quel che segue. È più sconsolato di te, povero giovanotto... Sù, sù, stringetevi la mano.

– Neanco se viene Dio! – protestò l'altro.

– Eh via, Marcanto'! Da' qua la mano; don Pepè, datemi la vostra... Così! La pace è fatta. La colpa di don Pepè è stata una sola, come gli facevo notare poco fa! la prescia! Colpa scusabile in un giovanotto...

– Nossignore! – negò il Ravì. – La colpa sua è stata d'aver condotto qua quel birbante matricolato, che non riconoscerò mai per genero finché campo, e che non voglio neanche nominare. Mia figlia, ora, per me, è come se fosse morta! Non la vedrò più... E me l'avete uccisa voi, don Pepè! Lasciatemi... lasciatemi piangere... Voi me l'avete uccisa! Non ve lo avevo detto io che colui sarebbe stato la vostra rovina e la rovina di mia figlia?

– Scusate, – disse Pepè, turbato dal pianto del Ravì e commosso. – E io non sono stato ingannato e tradito peggio di voi? Ammesso che sia stato io a spingerlo a venire, che non è, lo avrei forse fatto, se avessi potuto sospettare o supporre...

– Signori miei, – li interruppe don Diego, – volete dare ascolto a un vecchio? Non ci pensiamo più! È il meglio che ci resti da fare: le recriminazioni adesso sono inutili... Accendiamo il lume, piuttosto, e facciamoci la calabresella.

Ogni sera i tre sconfitti si riunivano là, in casa di don Diego, per la partitina. Spesso il discorso cadeva sul Coppa, che il Ravì, rivolgendosi a Pepè, chiamava *vostro cognato*.

– Mio cognato, un corno! – rispondeva Pepè. – La povera sorella mia è morta, e l'ha fatta morir lui... Dunque, chiamatelo ora vostro genero.

– Genero, se l'avessi riconosciuto, – rimbeccava don Marcantonio. – Mentre voi, per cognato, sì; e dovreste averne ancora rimorso, come se aveste commesso un fratricidio.

Don Diego allora tornava ad interporsi per riconciliarli, ma dentro di sé scialava, a quelle scenette.

– Non esageriamo, signori miei, non vi riscaldate... Perché ricadere ogni volta su codesto discorso, se sapete che vi scotta? Via, via... ripigliamo la partita! Non facciamo come i galletti in gabbia che si beccano l'un l'altro, in luogo di consolarsi a vicenda. Siamo stati traditi tutti e tre. Il fatto è fatto, e non se ne parli più. Non giudichiamo soltanto dal caso nostro un degno galantuomo.

– Un assassino! – scattava a questo punto il Ravì, battendo le pugna sulla tavola.

– Eh eh, ti ha ucciso la figlia?

– Mi ha ucciso la figlia, gnorsì!

– Quanti te l'hanno uccisa, insomma, codesta figlia? Prima dicevi don Pepè...

– Sì, lui! – si ripigliava don Marcantonio. – Lui, senza volerlo, con le mani di suo cognato...

– Vostro genero, – correggeva Pepè.

– Daccapo?

E don Diego si affrettava a buttare una carta in tavola:

– Striscio e busso forte.[53]

Giocavano per pochi soldi a partita, e la vincita la mettevan da parte, per farne poi un pranzetto in comune, non volendo il Ravì accettare a nessun patto i reiterati inviti di don Diego, che avrebbe voluto averlo ogni giorno a tavola, per non restar solo.

– Non accetto. Scusatemi, don Diego; non per voi, ma per la gente. Mi chiamano Mammone: non so che voglia dire, ma perdio, voi potete gridarlo forte in faccia ai calunniatori: vi ho mai chiesto un centesimo, un miserabilissimo centesimo in prestito?

– Lasciali cantare! – gli rispondeva don Diego.

– Nossignore. Giochiamo, e poi faremo il pranzetto. Lo pagherò io, perché, finora almeno, perdo più di voi due. A questo patto, sì.

Pepè non aveva le ragioni di don Marcantonio per non accettare l'invito dell'Alcozèr, e rimaneva spesso a desinare con lui, non solo, ma anche a dormir la notte, lì, nello stesso letto, ove Stellina aveva dormito. Per quest'idea soltanto vi era addivenuto, per la voluttà cioè dell'amarezza angosciosa che gli procuravano il ricordo e l'immagine di lei, in quella casa.

Ogni sera, appena andato via il Ravì, egli e don Diego, prima di mettersi a letto, si trattenevano un pezzo al balconcino prospiciente la campagna e là in fondo il mare. Si scorgeva di lì, lontana, la cascina del Coppa; e Pepè, col capo appoggiato alla ringhiera di ferro, appuntava gli occhi al lume che si vedeva acceso laggiù, in mezzo al bujo della campagna. Lì, dove ardeva quel lume, era Stellina! Egli quasi la vedeva, quasi la seguiva per le stanze di quella cascina ben nota, dove sua sorella aveva tant'anni dolorato, e si domandava: «Che farà in questo momento? che pensa? che dice?». E si struggeva dentro, ringojando le lagrime silenziose che gli appannavano gli occhi fissi là, a quel lume lontano.

Si abbandonava talmente a quella visione, che talvolta il capo pian piano, senza ch'egli lo avvertisse, gli scivolava dalla ringhiera e dava un crollo.

– Don Pepè, dormite? – gli domandava allora l'Alcozèr.

E Pepè gli rispondeva di no, col capo, per non rivelare il pianto con la voce.

– Se volete andare a letto, io son pronto, – riprendeva don Diego.

Pepè gli faceva cenno con la mano d'aspettare ancora un po'. Ah, egli era certo, era certo che Stellina, come lui, era stata ingannata, tradita. Non sapeva egli forse, per bocca dello stesso

Ciro, ch'ella avrebbe voluto rimanere nel monastero, piuttosto che acconsentire al tradimento insospettato di quelle nozze? Poi aveva detto di sì, o meglio, aveva dovuto piegare il capo, comprendendo purtroppo che colui che tanto la amava non avrebbe potuto recarle ajuto, e che il padre non se la sarebbe ripresa mai più in casa, e che lì nel monastero, infine, sotto la sorella del Coppa, non poteva neanche rimanere.

Ed ecco, adesso, ella era lì, lì in potere di quell'uomo prepotente che glie l'aveva strappata dalle braccia... strappata, sì, a viva forza, come a viva forza ora, certo, la costringeva ad accondiscendere col corpo (ah, non con l'anima, no!) alle brame del suo amore... Povera Stellina! Egli doveva compiangerla e commiserarla...

Si struggeva dentro così, ogni dì più, pascendosi dell'amarezza che gli davano il proprio avvilimento, la profonda malinconia, la coscienza di non poter far nulla. Era immagrito e pallido, come se fosse or ora scampato da una mortale malattia. Ah, se non avesse avuto quella vecchina di sua madre... se non avesse temuto di spezzare anche la vita di lei...

Certe sere don Diego lo infastidiva parlandogli dei suoi angosciosi terrori, degli *spiriti* che popolavano le tremende insonnie delle sue aride notti.

– Chi non li ha veduti, lo so, non ci crede... Chi poi li ha veduti, caro don Pepè, non ne parla, per paura che la notte non sia bastonato da loro. Perché, sapete? bastonano. Io, per dir la verità, finora non ho mai assaggiato le loro mani: ma quanti dispetti! tirarmi le coperte dal letto, rovesciarmi le seggiole nella camera, spegnermi il lampadino da notte... E li ho veduti con quest'occhi, vi giuro; tra le tende dell'alcova, per esempio, certe notti, affacciarsi una testa coi capelli rossi ricci e tanto di lingua fuori... Quando mi è morta... aspettate... la seconda o la terza?... – sì, Luzza, la seconda moglie... dopo alcuni giorni, il suo spirito mi girava per casa. La sentivo ogni notte sfaccendar per le stanze, da quella buona massaja ch'era stata in vita, buon'anima, debbo dirlo... E una notte le vidi sporgere il capo dall'uscio e guardarmi nel letto; sorrise, e mi fe' cenno con la mano, come se volesse dirmi: «Goditi pure il calduccio del letto; alla casa ci

bado io». Un'altra notte, sentii nella stanza da pranzo un bac-
cano d'inferno. Che era accaduto? Niente! L'altra moglie, la prima, Angelina, c'era venuta anche lei, e si bisticciavano tra loro.
Le ho sentite io, vi dico, con questi orecchi: l'una diceva all'altra, che la padrona lì era lei... A un tratto, *brum!* Non so quanti
piatti per terra... Al fracasso, balzo dal letto, mi reco – figuratevi con che spavento! – nella sala da pranzo: i cocci erano lì, sul
pavimento... c'è poco da dire!

– Qualche gatto...

– Ma che gatto, don Pepè! Se gatti in casa non ne ho mai avuti...

– Qualche topo, allora...

– Eh già, o il terremoto! Si tratta di chiamarli con un nome o
con un altro. Voi li chiamate topi, perché non ci credete. E son
pure topi, dite, quando, per esempio, udite il rumore dei loro
passi nell'altra stanza, ora affrettati e leggeri, *tic-tic-tic*, ora come
di persona che passeggi, sopra pensiero? Son pure gatti o topi,
quando vi sentite chiamare coi più brutti nomi da quattro voci
diverse, come avviene a me, che non posso star solo la notte,
perché altrimenti mi tornano in casa tutt'e quattro le mogli morte a maltrattarmi, a svillaneggiarmi? Eh, via, don Pepè! Dio ve
ne liberi e scampi!

Ma non si contentava solo di parlarne don Diego. Spesso, durante la notte, angosciato dall'insonnia, parendogli di udir qualche rumore nel silenzio della casa, svegliava Pepè.

– Non mi pizzicate, santo Dio! – gridava questi. – State tranquillo: non dormo! Per la centesima volta vi ripeto che pizzichi
non ne voglio: se no, domani notte preparatevi a dormir solo.

XXVI

No no, don Diego così, sotto la minaccia di restar solo la notte,
non poteva più oltre durarla. Già per procacciarsi il sonno e ri-
sparmiare a l'Alletto il fastidio dei pizzicotti, beveva un pochet-
tino oltre la misura che s'era imposta da tanti anni, e questo rimedio dannoso non gli garbava: quel bicchierotto di giunta gli
sapeva amaro e lo ingollava per forza.

– La medicina per il sonno, don Pepè! – diceva a cena. – Speriamo che questa notte faccia effetto.

Faceva effetto a principio; ma poi, nel cuor della notte, destandosi, le ambasce ricominciavano. E allora, pian piano, pazienza: ancora un pizzicotto a don Pepè.

– Daccapo! Vi riesce star fermo?

– Scusatemi, don Pepè. Volevo domandarvi una cosa.

– Ch ... osa? Dormite!

– Non posso, se non mi levo un dubbio che m'è nato or ora, pensando. Ma dovete dirmi la verità! Durante la mia malattia, voi foste o almeno vi mostraste tanto buono verso di me, ricordo... Sempre qua, in casa mia, notte e giorno... Bene: franco, eh? in qualche momento di distrazione... voi, con Stellina...

– Siete pazzo? – gli gridava Pepè.

– No, abbiate pazienza: non me n'importerebbe nulla, ormai. Trapianterei quietamente il corno su la testa di don Ciro. Io me ne sono sgabellato.[54] Ditemi la verità!

Pepè, per tutta risposta, gli voltava le spalle.

– Non me n'importa, vi ripeto... Uno più, uno meno, del resto... Son filosofo, don Pepè! Cinque mogli, capite! E figuratevi perciò che selva sulla mia testa. Certe sere, mentre voi ve ne state a pensare e a sospirare, di là, sul balconcino, ci ripenso, e me le sento crescere, crescere sù, sù fino al cielo... crescere, crescere... Mi pare che, a muover la testa, debba con le cime disturbare il sistema planetario... Mi serviranno di scala, di qui a cent'anni, quando crepèrò. Come uno scojattolo, l'anima mia s'arrampicherà sù per i palchi di queste smisurate corna, fino al Paradiso, mentre tutte le campane della Terra soneranno a gloria... Dormite, don Pepè?

Dormiva o fingeva di dormire, quell'ingrato. Don Diego dava di nuovo in ismanie, si stizziva, sbuffava: – Che bella compagnia! – e, per distrarsi, si poneva allora a meditare l'impresa d'un sesto matrimonio.

«Chi troppo vuole, dice il proverbio, nulla ottiene. Se io lasciassi, don Pepè, i miei denari per qualche opera pia, divisi in tante piccole porzioni, procurerebbero o un bene temporaneo o uno continuato, ma assai meschino, a molti. Val dunque meglio,

secondo me, lasciarli a una persona sola, che volesse guadagnar-
seli a costo d'un breve sacrifizio, il quale potrebbe anche parere
opera di carità: assistere un povero vecchio come me... E questa
persona, perché poi avesse nell'avvenire un compenso al sacrifizio, bisogna che sia giovane, in grado di godere della ricchezza e della vita a suo talento. Che se ne farebbe una vecchia de'
miei quattrini? Io, poi, lo sapete, odio la vecchiaja. Con questo
mio disegno favorisco la gioventù... Voi pensate forse che farei ridere il paese, se sposassi per la sesta volta? Ebbene, si ride
tanto poco oggi nella vita, che mi guadagnerei presso la gente
quest'altro titolo di benemerenza. M'accompagni pure il paese
con una enorme risata al Municipio: sarà di buon augurio... Ci
ho pensato, e vedrete che lo farò. A Marcantonio, per ora, non
gliene dico nulla, perché son sicuro che ne proverebbe dispetto...»

E don Diego non s'ingannava. Difatti, la sera stessa che il Ravì
ebbe notizia dell'incombenza data dal suo *quondam* genero per
una sesta moglie, se lo vide arrivare in casa tutto acceso di stizza:

– Come! Pensate di riammogliarvi? Alla vostra età?

– Eh eh, – sghignò don Diego. Ti faccio notare, Marcantonio,
che ho soltanto un annetto di più di quando sposai tua figlia.

– Sta bene, – riprese don Marcantonio, ingozzando bile. – Ma
già, è un anno di più, e poi, lo scandalo, lo contate per nulla?
Allora non eravate così su la bocca di tutti... Vi parlo nel vostro
interesse... Non vi esponete al ridicolo, caro don Diego, e certamente a un rifiuto...

– Quanto al rifiuto, eh eh... non temere... si tratta di scegliere
ormai, – lo rassicurò don Diego. – Ho già quattro o cinque proposte...

– Paese di farabutti! – proruppe don Marcantonio. – Cinque
proposte! Lo vedete? L'invidiaccia, dunque, li faceva parlare,
quand'io vi diedi mia figlia, e mi dissero padre snaturato, e mi
dissero Mammone... e che io vendevo la mia propria carne... Farabutti! Avevo ragione!

Il Ravì ignorava che fra le quattro o cinque proposte c'era anche quella della Mèndola, l'accanita vicina, per sua figlia. Ma
quello sfogo contro il paese gli fece in parte sbollir la stizza, e
poté mettersi a giocare coi due compagni.

– I giovani, che siano in condizione di prender moglie, oggidì son pochi, – disse don Diego, tra una partita e l'altra. – E il vecchietto, nelle condizioni mie, caro Marcantonio, come era piaciuto a te, piace ora anche ad altri...

– Ma si sa! Lo dite a me? – approvò il Ravì più convinto che mai. – Purché voi però, don Diego mio, scusate, vi decidiate a crepar presto, dopo le nozze...

– Eh eh, – sghignò di nuovo don Diego, facendo con tutte e due le mani le corna.

– Ah, ora fo le corna anch'io! – esclamò don Marcantonio. – Anzi vi auguro di campar mill'anni per castigo di tutti quelli che mi vollero calunniare. Vi consiglio però di cangiar registro: niente più giovanotti per casa; altrimenti, potrebbe capitarvi lo stesso caso di questa volta...

Don Diego ne convenne, e aggiunse:

– Mi dispiace per voi, don Pepè; ma, questa volta, al largo! Soltanto, poiché siete un buon giovine e ve lo meritate, potrei far questo per voi; consigliare nel testamento a mia moglie di sceglier voi, anziché un altro...

Pepè non prendeva parte alla conversazione. Sorrise mestamente a don Diego e propose di lasciar le carte per quella sera.

XXVII

– Se ti accorgi veramente e sei certa che ti voglio bene, perché debbo farti paura?

– Ma chi t'ha detto che mi fai paura?

– I tuoi occhi.

Stellina abbassava subito gli occhi.

– No! Guardami... Ecco! Codesti non sono gli occhi d'una donna che sia sicura di sé!

– Può darsi... – si scusava Stellina timidamente. – Ma perché ancora non ho compreso bene il tuo carattere e ho timore non debba farti dispiacere, senza volerlo...

– O non piuttosto, – replicava Ciro, – o non piuttosto perché, dentro, la coscienza ti fa qualche rimprovero?

Era un chiodo che gli stava confitto notte e giorno nel cervello. Aveva stabilito di non rimetter piede mai più in città, almeno fino a che l'Alcozèr era in vita. Sentiva che non avrebbe potuto sostener la vista di quella mummia, la quale aveva pur veduto nell'intimità notturna la donna che ora gli apparteneva; quella mummia, che poteva richiamare alla memoria le notti, in cui ella gli era stata accanto, e rinsudiciarle col pensiero.

La pace della campagna non riusciva a ispirargli la calma. Non vedeva, non udiva nulla, tutto assorto nel suo interno rodìo. Intanto non avrebbe voluto che su Stellina pesassero l'avvilimento che quella nuova specie di gelosia per un vecchio gli cagionava e il pentimento d'averla sposata; pentimento esasperato dall'amore vivissimo che sentiva per lei.

Per distrarsi, si era dato ad esercizii violenti. In una fiera equina aveva comperati venti cavalli tunisini, e ora se li ammaestrava nell'aja, come un domatore di circo, frustandoli con la rabbia dei cento diavoli che gli ruggivano in corpo. Poi, tutti e venti, via! se li cacciava davanti a branco, via di galoppo, tartassando i seminati, come un'ira di Dio, via, via tra una nuvola di polvere, fino alla fonte.

– *Alt!*

E lì li abbeverava.

Al ritorno, gli avveniva talvolta come a quel tale che cercava la bestia, e c'era sopra. E allora imprecazioni e bestemmie, tra i reiterati comandi alle bestie di fermarsi:

– *Alt! alt!*

E le ricontava; e infine scudisciate alla povera bestia che lo reggeva, come se fosse colpa di lei se il conto non era prima tornato.

Stellina intanto, se aveva qualche argomento di credere che il marito, a suo modo, la amasse, non sapeva poi come dovesse, anche potendo, rispondere all'amore di lui; non trovava la via per entrargli nel cuore e ammansarglielo. Avrebbe voluto riconoscersi contenta, se non del presente stato, d'essere almeno sfuggita a quello odioso di prima; ma glielo impediva da un canto l'angosciosa perplessità, l'incertezza continua di far bene o di far male, in cui l'indole di Ciro la teneva; dall'altro, la paura che egli venisse a scoprire quel che c'era stato con l'Alletto, di cui ogni giorno si sforzava di espungere finanche la memoria. Temeva che se il pensiero di lui, anche momentaneo, le si affacciasse, Ciro potesse leggerglielo davvero negli occhi.

In tale essere, dopo cinque mesi di cruccio senza parola, la povera Stellina abortì, con grave rischio della vita. E allora il Coppa si vide costretto a far ritorno in città.

XXVIII

– Sono matto? Geloso d'un vecchio, io, Ciro Coppa?

Appena giunto in città, si sentì liberato da quell'incubo che lo aveva oppresso tanti mesi in campagna. E nella nuova disposizione d'animo, volle fare a fidanza con se stesso. Non temeva più rivali. Lui, Ciro Coppa, doveva temere di Pepè Alletto, per esempio? Eh via!

Lo cercò anzi per la città, e, trovatolo, lo chiamò a sé, mentre l'Alletto, facendo le viste di non essersi accorto di lui, tirava via diritto.

– Pepè! Ti avevo promesso una volta un posticino... Ebbene, te l'ho trovato. Vuoi venire da me?

– Da te?

– Nel mio studio. Lo riapro domani. Avrai da copiare: meglio tu, che un altro. Purché non mi faccia errori d'ortografia...

Pepè rimase a guardarlo a bocca aperta.

– Vieni, vieni, – insistette Ciro. – Hai inteso?

– Ho inteso, sì, – rispose Pepè, non sapendo ancora capacitarsi come e perché il Coppa potesse fargli quella proposta.

– Accetti?

– Io?... E perché no?

– Dunque t'aspetto domattina, alle otto. Ci intenderemo. Addio.

«È ammattito?» si domandò Pepè, appena il Coppa si fu allontanato. «Che vuole da me? Vuole accertarsi se tra me e Stellina non ci fu nulla? Spera di coglierci in fallo?»

Pensò di non andare; si pentì di non aver saputo dirgli di no. Ma ora, avendo accettato la proposta, non poteva più ritirarsi.

No, no: doveva andare assolutamente per non fargli supporre ch'egli potesse aver qualche ragione di temere di lui.

E il giorno dopo, alle otto in punto, pallido, con l'animo in subbuglio, fu nello studio di Ciro.

– Vedi? Tutto cambiato! – gli disse questi mostrandogli la nuova scrivania, gli scaffali nuovi e le nuove seggiole lungo le pareti dello scrittojo. – E si cambia vita, caro mio! Arriva un giorno, in cui l'uomo forte sente il dovere d'impegnarsi in una lotta superiore, non più contro gli altri, ma contro se stesso: vincere, dominar la propria natura, l'essenza bestiale, e acquistare sovr'essa una padronanza assoluta.

Così dicendo, agitava in aria nervosamente il frustino, mentre Pepè confuso, stordito, approvava col capo.

– Approvi, ma non comprendi! – riprese Ciro, dopo averlo osservato un momento, con calma. – Non son cose che tu possa comprendere così di leggieri.

– Veramente non... – balbettò Pepè, tentando un sorrisetto nell'imbarazzo.

– Lo so! lo so! Te lo spiego con un esempio. Fino al giorno d'oggi, io sono arrivato al punto che tu, Pepè Alletto, debolissimo uomo, puoi dire a me, Ciro Coppa, così: «*Ciro, io sostengo che tu sei un vigliacco!*». – Non ridere, imbecille! – Se mi dicessi così, io, guarda, forse in prima impallidirei un po', stringerei le pugna per contenermi, chiuderei gli occhi, inghiottirei; poi, dominato l'impeto, ti risponderei con la massima calma e con garbo anche: «*Caro Pepè, ti sembro un vigliacco? Ragioniamo, se non ti dispiace, codesto tuo asserto*». Che te ne pare? Né mi fermerò qui, sai! Ogni giorno una nuova conquista su la mia natura, su la bestia. La vincerò io, non dubitare! Intanto, siedi là: quello è il tuo tavolino. Ci son carte da copiare: calligrafia chiara: attento alla punteggiatura, e bada all'ortografia... Non ti dico altro.

XXIX

Da quel giorno cominciò per Pepè una nuova vita di indicibili angustie. Andava ogni mattina allo studio con l'animo sospeso, nella più angosciosa incertezza, dopo aver meditato tutta la notte per comprendere, o intravedere almeno, che cosa in fondo Ciro volesse da lui.

Ciro passeggiava per lo scrittojo, davanti al tavolino.

– L'ortografia... Mi raccomando. Jeri mi hai scritto prestigio con due *g*.

Di tanto in tanto si fermava, e Pepè, curvo e intento a ricopiare, sentendo fissi su lui gli occhi del Coppa, domandava a se stesso: «Perché mi guarda così?».

Certi altri giorni Ciro non passeggiava: se ne stava col volto nascosto, affondato tra le braccia conserte su la scrivania. Pepè allora levava gli occhi a osservarlo.

«Che ha? Uhm!»

Talvolta, non riuscendo a comprendere qualche parola della bozza da ricopiare, si vedeva costretto a chiamarlo, e lo faceva piano. Ciro non rispondeva.

«Dorme?» si domandava Pepè, e lo chiamava di nuovo, soggiungendo: – Ti senti male?

– No. Mi lavoro dentro, – mormorava cupamente Ciro, senza levar la testa.

Pepè allungava la faccia a quella risposta enigmatica, ci ripensava un tratto, poi si stringeva nelle spalle, lasciava in bianco la parola indecifrabile e si rimetteva a copiare.

– Maledizione! – urlava a un certo punto Ciro, balzando in piedi. – Maledizione! Maledizione!

– Che hai? – gli domandava Pepè, spaventato dallo scatto improvviso.

– Dimmi che ti faccio tremare! – ruggiva Ciro, appuntando le braccia sul tavolino di Pepè. – Dimmi subito, confessa che quando mi vedi ti tremano i ginocchi!

– E perché?... – balbettava Pepè.

– Ah, non lo sai, buffone, che se ti afferro con queste mani, se ti do un pugno, ti attondo,[55] ti estinguo?

– Lo so, – diceva Pepè, con un sorriso tremante e gli occhi supplici. – Ma non c'è ragione... Tranne che non sia impazzito...

Ciro si staccava dal tavolino.

– Va bene. Scrivi. Devo ridurmi a questo: di metterti in mano uno scudiscio e di comandarti di scudisciarmi a sangue! Con la ragione questa mia porca natura non è governabile: ci vuole il bastone e, se fai piano, non sente neanche questo... La rendo, la rendo infelice, quella povera figliuola... Bastonate! Bastonate! Bastonate, mi merito!

Ah, che stesse davvero per impazzire, lo temeva ormai lui stesso. Da che s'era fatta questa nuova fissazione, di vincer la propria natura, quasi non mangiava più, non dormiva più, non aveva più un momento di requie. Voleva dare a se stesso la prova maggiore della sua vittoria. E questa prova doveva consistere nel far venire lì, nello studio, Stellina, presente Pepè. Passeggiando, era tentato d'accostar la bocca al portavoce in un angolo dello scrittojo, per dire a Stellina che venisse giù. Si fermava a osservar Pepè, quasi per mostrare ai suoi sentimenti in lotta quanto fosse ridicola, indegna di lui, la gelosia per quell'essere nullo, per quel mingherlino pallido come un filo di paglia. Eppure, no, no, ecco: non poteva accostar la bocca al portavoce lì, in quell'angolo, che lo tentava. E allora andava a sprofondare il volto tra le braccia, su la scrivania, «a lavorarsi dentro», e scattava infine urlando: – Maledizione!

Né la lotta interna finiva lì, nello studio. Anche in Tribunale, in Corte d'Assise, gli veniva a un tratto la tentazione di vincere quel sentimento ribelle a ogni prova. Si volgeva a Pepè, che gli sedeva accanto, davanti al banco degli avvocati, e gli ordinava di recarsi allo studio a prendere qualche carta che gli bisognava.

– Se non la trovi, va' sù da mia moglie, e falla cercar da lei...

Ma, appena Pepè usciva dalla sala, eccolo corrergli dietro, chiamandolo a voce alta giù per la scala del palazzo di giustizia.

– Pepè! Pepè! Torna indietro... Non ho più bisogno di quella carta...

Un giorno però non fece in tempo a richiamarlo. Gli sguinzagliò dietro tutti gli uscieri della Corte. Il Pubblico Ministero stava per chiudere la sua arringa, ed egli non poteva abbandonar l'aula: doveva parlare.

– Zitto! zitto, perdio! – gridò allora il Coppa trasfigurato, tutto vibrante, sorgendo in piedi e battendo le pugna sul banco, rivolto al Procuratore del Re. – Io ottengo in questo momento una vittoria sublime su me stesso, e non posso tollerare più oltre che voi rovesciate addosso a me, addosso ai signori giurati, i calcinacci dell'edificio del buon senso, che da un'ora vi provate ad abbattere col vostro piccone ottuso e irrugginito!

Successe un pandemonio: i colleghi avvocati si slanciarono sul Coppa per farlo tacere e sedere; il Presidente si levò in piedi scampanellando, coi giudici, i giurati, storditi; il pubblico diviso proruppe in imprecazioni e in applausi. Tra le grida e la confusione generale, Ciro colse a volo una frase ingiuriosa del Procuratore del Re e, afferrato il calamajo dal banco, glielo scagliò contro come un sasso. Intervennero allora i carabinieri di sentinella al gabbione: il Presidente urlava:

– Traetelo in arresto!

Tra i carabinieri e il Coppa s'impegnò una viva colluttazione; questi, come un toro impastojato, cercava in tutti i modi di divincolarsi; ma, a un tratto, quelli se lo videro mancar tra le braccia, inerte, pesante.

Un improvviso moto d'orrore e di costernazione. L'aula che s'era votata si ripopolò in breve di volti pallidi, ansiosi, atterriti: dai banchi dei giurati, dal banco della presidenza, dalle seggiole, guardavano tutti, in piedi, il Coppa adagiato su una sedia col capo ripiegato sul petto, rantolante, colpito d'apoplessia.

XXX

Verso la mezzanotte, attorno al letto su cui Ciro aveva or ora cessato di rantolare, si ritrovarono Stellina, Pepè e Marcantonio Ravì, come in un'altra veglia, attorno a un altro letto.

Stellina, però, questa volta, piangeva con la faccia nascosta nel fazzoletto; e il suo pianto irritava don Marcantonio, scuro e taciturno, e avviliva Pepè.

Seduto su la greppina, con le braccia attorno al collo dei due figliuoli del Coppa, che gli sedevano accanto silenziosi, con gli occhi velati di lagrime, fissi sul volto esanime del padre, Pepè pensava alla sorella Filomena, morta in quella stessa camera, ora come allora rischiarata da quattro torce funebri a gli angoli del letto; e gli pareva di vederla lì stesa, accanto al marito. Ed ecco i due piccoli orfani, i due piccoli esseri rimasti in quella casa. Pepè se li teneva stretti sul petto e sentiva, nell'esaltazione del dolore, che la povera Filomena, dal mondo di là, glieli affidava. Con lo sguardo dolorosamente fisso su Stellina, aspettava, aspettava, che ella levasse gli occhi dal fazzoletto e lo vedesse così e comprendesse.

A un certo punto don Marcantonio sbuffò:

– Questo, che pareva un leone, eccolo qua: morto! E quel vecchiaccio, sano e pieno di vita! Doman l'altro, sposa Tina Mèndola, la tua cara amica... Don Pepè, dopo tutto...

Non finì la frase.

– Un paio di forbici, figlia mia. Senti come scoppiettano queste torce? Bisogna aver occhio a tutto, nella vita, ed anche a questo...

Roma, 1895

Note

[1] *sbruffavano*: mandavano fuori dalla bocca con violenza (voce onomato-peica, a imitazione del suono dell'acqua cacciata col fiato dalla bocca).

[2] *il re che regna... illuminazione*: tenendo conto della successiva nota 10, al-lude ironicamente alla situazione politica, sociale ed economica creatasi in Italia dopo la costituzione del Regno d'Italia (1861), più visibile a partire dal decennio '70-80.

[3] *come un arcibue*: più che un bue.

[4] *squadrava le corna*: mostrava le corna, per scaramanzia ovviamente.

[5] *si-donna Rosa*: signora donna, espressione agrigentina.

[6] *strozza*: canna della gola.

[7] *giogaja*: pappagorgia, o seconda gola, per grassezza della pelle.

[8] *incignati*: calzati la prima volta.

[9] *crinolino*: crinolina, ampia sottana, indossata sotto la veste, di crine.

[10] *del tempo di Ferdinando II re delle Due Sicilie*: governò dal 1830 al 1859.

[11] Cfr. *Carmina*, I, XI, 1-2 («Non chiedere, non è lecito saperlo, quale fine gli dei hanno concesso a te, a te...»).

[12] *intra paucos dies* [...] *cupio quidem*: «fra pochi giorni, almeno lo desidero».

[13] *Zia*: non perché realmente tale, ma come forma rispettosa e affettuosa a un tempo; è un uso tipicamente meridionale.

[14] *puella*: ragazza.

[15] *diàscane!*: diàncine, diàmine.

[16] *chi è scarso è schiavo*: locuzione proverbiale che sottolinea la mancanza di libertà di chi non è abbiente.

[17] *Ergo*: «dunque» (è congiunzione latina, non corsivata a testo perché il Ravì la usa senza conoscere il latino, alla pari di don Diego: cfr. le note 11, 12, 14).

[18] *tarì*: moneta del regno delle Due Sicilie, pari a lire oro 0,85.

[19] *Girgenti*: è il nome arabo dell'attuale Agrigento, la città dove si svolge il romanzo. Valse sino al 1927.

[20] *Ràbato*: nome di un quartiere (cfr. la nota precedente).

[21] *il chiù... assiolo*: è il suono onomatopeico di questo piccolo rapace notturno, una sorta di piccolo gufo o allocco, caro ai poeti, da Pascoli a Quasimodo.

[22] *napoleona*: pastrano, simile a quello usato abitualmente da Napoleone, come testimoniano innumerevoli ritratti.

[23] *rosolio*: liquore con essenza di rosa.

[24] *una botta di penna*: un solo tratto di penna; ma è anche frase ironica, tenendo conto del carattere di chi la pronuncia.

[25] *giogàtico*: compenso, del padrone al contadino, per l'impiego dei buoi al proprio servizio.

[26] *corno*: fastidio, probabilmente.

[27] *Gnorsì*: signorsì (modo familiare di risposta).

[28] *Sabettona*: signora Bettina.

[29] *primo*: il duellante, rispetto ai secondi, i padrini.

[30] *sfalsare*: scansare i colpi.

[31] *Sic vivitur*: «così si vive» (cfr. la nota 17).

[32] *Crocca*: nei pressi di Agrigento.

[33] *calandre*: passeracei (della famiglia delle allodole); stazionano nell'Italia meridionale e sono di colore grigio a macchie nere.

[34] *chiesetta... di San Nicola*: del secolo XIII, a ovest della quale sorge il cosiddetto Oratorio di Falaride, da cui si gode la vista dei templi antichi della città.

[35] *tempio della Concordia*: oltre la chiesa di cui prima, eretto fra il 450 e il 430 a.C., poi trasformato in chiesa a sua volta (VI secolo d.C.). Il nome deriva da un'iscrizione latina trovata accanto.

[36] *peristilio*: cortile interno circondato da portici colonnati.

[37] *Civita*: città (latinismo).

[38] *Acragas*: l'odierno fiume San Biagio.

[39] *pronao*: l'atrio d'ingresso del tempio.

[40] *a cencio*: di feltro, e quindi floscio.

[41] *springando*: guizzando coi piedi, saltando.

[42] *crosciare*: gorgogliare.

[43] *via Mazzara*: in Girgenti, cfr. la nota 20.

[44] *satellizio*: la compagnia di quanti danno man forte a Mauro Salvo nell'intimidazione.

[45] *gronchie*: intirizzite.

[46] *ajo*: educatore.

[47] *Quondam*: «un tempo», «per l'addietro» (cfr. la nota 17).

[48] *Quonam pacto?*: «a qual mai patto?» (cfr. la nota 17).

[49] *dio Mammone*: idolo della ricchezza, come risulta da *Mt* 6,24 e *Lc* 16,13.

[50] *Mannaggia la prescia!*: «maledetta la fretta!». È esclamazione dialettale.

[51] *calabresella*: è il gioco di carte del terziglio, tressette in tre.

[52] *factum infectum: Factum... fieri infectum non potest*, ovvero «Ciò che è stato fatto non può diventare non fatto» (cfr. Plauto, *Aulularia*, 741); motto ripreso da vari autori latini, fra cui Orazio (*Carmina*, III, 29, 45 sg.); di impiego anche giuridico.

[53] *Striscio e busso forte*: sono parole del tressette (cfr. la nota 51), con le quali il giocatore indica al compagno che ha altre carte dello stesso seme, oltre a quella che sta giocando, e gli chiede di giocarne delle maggiori.
[54] *sgabellato*: sgravato.
[55] *attondo*: schiaccio.

Indice